돈이란 무엇인가

돈이란 무엇인가

발 행 2025년 4월 10일

지은이 강성광
펴낸이 정선모
디자인 가보경 이소윤

펴낸곳 도서출판 SUN
출판등록 제25100-2016-000022호. 2016년 3월 15일
주 소 서울시 노원구 덕릉로 94길 21. 205-102
전 화 010. 5213. 0476
이메일 44jsm@hanmail.net

값 25,000원
ISBN 979-11-88270-91-0 (03300)

ⓒ 강성광 2025

· 잘못된 책은 바꿔드립니다.
· 이 책은 저작권법에 따라 보호받는 저작물이므로 무단전제와 무단복제를 금지하며, 이 책의 전부 또는 일부 내용을 사용하려면 사전에 저작권자와 도서출판 SUN의 서면 동의를 받아야 합니다.
* 이 책에는 '여기어때 잘난체 고딕', 'SB어그로체'가 적용되어 있습니다.

자본주의 사회에서 행복을 찾는 법

돈이란 무엇인가

강성광 지음

SUN

"돈은 인간 사회에서 가장 강력한 힘 중 하나이지만, 동시에 가장 위험한 도구이기도 하다. 돈은 선과 악을 모두 만들어 낼 수 있으며, 그것을 어떻게 사용하느냐에 따라 인간의 운명이 결정된다."

프롤로그

돈, 우리 삶의 시작과 끝

돈이란 무엇인가? 이 물음에 속 시원하게 답할 수 있는 사람이 과연 얼마나 있을까? 나만 해도 어린 시절, "너무 돈 돈 하면 안 된다. 그것은 속물 같은 행동이다"라는 말을 들으며 자랐다. 그래서 공부에만 전념하려 했던 기억이 있다. 아마 대한민국의 많은 성인들이 비슷한 경험을 공유하고 있을 것이다.

그러나 곰곰이 생각해 보면 태어날 때부터 돈은 우리의 삶에 깊이 관여하고 있었다. 유아기에는 분유값이나 옷값이 필요했고, 조금 더 자라면 교육비와 학용품 비용이 추가되었다. 청소년기에는 학원비와 교통비, 그리고 간식이나 취미 생활을 위한 돈이 필요했다. 성인이 되어서는 주거비, 생활비, 의료비 등 더 많은 경제적 부담이 생겼다. 이런 모든 것들이 돈 없이 수행될 수 없는 일이었다.

돌아보면 돈 때문에 웃고 울었던 순간들이 얼마나 많았던가? 이 요상한 돈을 어떻게 잘 관리해야 할까? 우리는 유치원부터 대학교를 거치며 성인이 되었지만, 제대로 된 돈 공부를 해본 사람은 과연 얼마나 있을까?

필자는 금융기관에서 수십 년간 근무해왔다. 그런데도 돈의 본질에 대해 깊이 고민하지 않았다. 단지 돈을 벌어야 한다는 압박과 노후를 대비하기 위해 돈을 모아야 한다는 가르침 속에서 살아왔을 뿐이다. 돈이 사람을 괴롭히고 아프게 하며, 고통스럽게 할 수 있다는 사실은 진지하게 생각해 본 적이 없었다. 이제야 깨달은 것은, 이러한 고민은 나만의 것이 아니라는 점이다.

퇴직 후, 나는 현실과 마주했다. 나뿐만 아니라 수많은 직장인이 퇴직 시점에 돈 문제로 어려움을 겪는다는 사실을 목격했다. 어릴 때부터 돈에 대한 공부를 철저히 해둔다면, 퇴직 후의 고통을 조금이라도 줄일 수 있을 것이다. 이런 생각이 책을 쓰게 된 계기가 되었다.

이 책은 단순히 돈을 버는 방법이나 저축의 기술을 다루는 것이 아니다. 돈이 우리 삶에 미치는 영향, 그리고 돈과 건강하게 관계를 맺는 방법에 대해 고민한 결과물이다. 독자들이 이 책을 통해 돈에 대한 새로운 시각을 얻고, 더 나은 미래를 설계하는 데 도움이 되길 진심으로 바란다.

2025년 봄에
강성광

추천사

『돈이란 무엇인가?』 발간을 축하하며

최성섭(한국뉴욕주립대 교수)

우리는 돈을 위해 일하고, 돈을 벌기 위해 노력하지만, 정작 돈이 무엇인지에 대해서는 깊이 고민하지 않는 경우가 많다. 돈은 단순한 교환 수단이 아니라, 우리가 살아가는 방식을 결정하는 중요한 요소이기도 하다. 그럼에도 불구하고 돈을 제대로 이해하고 활용하는 방법을 아는 사람은 그리 많지 않다.

이 책의 저자는 오랜 금융업계 경험을 바탕으로, 돈의 본질과 그 흐름을 명쾌하게 설명한다. 기본적인 경제/경영학 이론이 아니라, 실제 금융 현장에서 마주한 사례와 경험을 바탕으로 돈을 효과적으로 다루는 법을 제시한다. 그렇기 때문에 이 책은 이론적 지식이 부족한 사람들도 쉽게 읽고 이해할 수 있을 뿐 아니라, 실생활에 바로 적용할 수 있는 유용한 통찰을 제공한다.

특히 이 책이 돋보이는 점은 돈을 '재화'로만 보지 않고, 우리의 삶과 밀접하게 연결된 일종의 존재로 바라본다는 점이다. 돈을 어떻게 벌고, 어떻게 관리하며, 어떻게 현명하게 사용할 것인가에 대한 구체적인 방향성을 제시함으로써, 독자들이 돈을 보다 적극적이고 주도적으로 다룰 수 있도록 돕는다. 또한 돈에 대한 올바른 가치관을 확립하고, 무작정 돈을 모으는 것이 아닌, 자신만의 금융 철학을 가질 수 있도록 유도한다.

이 책을 읽고 나면 돈에 대한 기존의 인식이 달라질 것으로 사료된다. 일반적인 재테크 서적이 아닌, 돈과 인생에 대한 깊이 있는 통찰을 담고 있는 이 책을 강력히 추천한다. 독자 여러분이 이 책을 통해 돈을 더 잘 이해하고, 더 현명하게 활용하며, 나아가 보다 풍요로운 삶을 살아가는 데 큰 도움이 되기를 바란다.

신상태(대한민국재향군인회 회장)

어떤 사람이 100가지 고민을 적은 상담 내용을 들고 유명한 고승을 찾아갔다. 고승은 1번부터 100번까지 답을 척척 써 주었다. 집에 와서 조심스레 답안지를 열어보니 99가지 답이 똑같았다.

"돈", "돈", "돈", "돈", "돈"…, 나머지 하나는 "money".

추천사

"황금 보기를 돌같이 하라."

어려서부터 귀에 못이 박히도록 들어왔던 말이다. 그래서 우리 조상들은 '청빈낙도(淸貧樂道)'를 좌우명으로 삼았다. "나물 먹고 물 마시고 팔 베고 누웠으니 이 얼마나 행복한가." 노래를 불렀다. 결과는 무엇인가? 가난을 숙명으로 알고 살아왔다. 세계 최빈국, 날마다 세 끼 식사를 걱정하는 삶을 살아야 했다.

다행스럽게도 해방 이후 서구 문명이 들어오기 시작했다. 대한민국의 정치는 자유민주주의 체제를, 경제는 자본주의 체제를 도입했다. 일한 만큼 벌고, "개처럼 벌어서 정승처럼 쓰자"는 돈의 가치관이 자리 잡기 시작했다. 그리하여 5,000년 동안 극복하지 못했던 가난을 불과 70년 만에 해결한 것이다.

2025년 3월 현재, 대한민국은 1인당 국민 소득 3만 6천 달러를 달성했고, 일본을 제치고 세계 6위의 부국이 되었다. 해답은 여기에 있다. 돈은 나라의 국격이고 국력이다. 돈은 개인의 품격이고 인격이다. 바야흐로 청빈(淸貧)의 시대는 가고, 청부(淸富)의 시대가 도래한 것이다.

모름지기 돈은 모든 문제의 근원인 동시에 또한 해결책이다. 돈을 어떻게 벌고, 어떻게 사용하느냐에 따라 복(福)과 화(禍)의 방향이 달라지고, 인생의 성공과 실패가 좌우된다. 누구에게나 꼭 필요하면서도 선뜻 꺼내기가 쉽지 않은 주제, '돈'.

  돈을 올바로 벌어서, 값있게 쓰는 멋진 인생의 주인공이 되기를 바라는 모든 분께 『돈이란 무엇인가』 일독을 권한다.

―――❧―――

이관영(씨티은행 부행장)

  강성광 작가가 두 번째로 펴낸 이번 책은 전작 『내 인생 최고의 여행』이란 여행서에서 보여준 것처럼 지난 30여 년에 이르는 생생한 경험과 지식을 바탕으로 저술된, 가정경제와 자녀 경제교육을 위한 훌륭한 교양서이다.

  이 책은 금전을 바라보는 철학적 관점과 그에 기반한 실생활에서 투자, 소비, 금전 거래 전반에 걸친 다양한 Tip들, 그리고 가정경제에 대한 계획과 자녀 금융 교육에 걸쳐 실천해야 할 점들을 다양하게 담고 있다.

추천사

  심신의 건강과 더불어 Financial Stability가 행복에 영향을 미치는 기초적 요인인데, 이 책이 그런 점에서 충분한 도움을 줄 수 있으리라 본다.

서병덕(가천대 경영학과 명예교수)

  이 책은 "돈은 사랑이다"라는 새로운 관점을 제시하며, 돈을 올바르게 이해하고 관리하는 것이 삶의 질을 높이는 핵심임을 설득력 있게 보여준다. 수십 년간의 금융 현장 경험을 바탕으로 한 저자의 통찰을 통해 실생활에 적용할 수 있는 지혜를 담고 있다. 매슬로의 '욕구 단계설'부터 '하버드 성인 발달 연구'까지, 다양한 이론과 연구를 바탕으로 돈과 행복의 관계를 심도 있게 분석한다.

  각 생애 주기별 재정 관리법, 저축과 투자의 원칙, 그리고 돈의 심리적 측면에 대한 설명은 독자 모두에게 유용한 지침이 될 것이다. 이 책은 '돈 버는 법'이 아닌, 돈과 건강한 관계를 맺으며 진정한 행복을 찾는 길을 안내한다.

조성준(가천대학교 경영학과 교수)

  돈을 어떻게 사용하느냐에 따라 신의 축복이 될 수도, 악의 근원이 될 수도 있다. 따라서 돈을 바라보는 관점이 중요하며, 돈을 벌어야 하는 목적이 분명할 때 비로소 돈을 의미 있게 쓸 수 있다. 하지만 오늘날 많은 젊은이가 '건물주'를 꿈꾸며 돈 그 자체를 목표 삼는 경향이 있다.

  돈의 본질과 가치를 깊이 있게 다룬 책을 찾기 어려운 시대에, 이 책은 돈을 대하는 올바른 태도와 방향을 제시한다. 금융인으로서 오랜 경험을 쌓아온 저자는 이 책에서 돈이 보다 가치 있는 삶을 위한 도구가 되어야 함을 강조한다. 사회에 첫발을 내딛는 청년들에게 이 책을 꼭 추천하고 싶다.

  나 또한 이 책을 통해 다가오는 은퇴 이후의 삶을 준비하려 한다. 수십 년간 직장 생활을 했지만, 노후에 대한 불안은 늘 따라다녔다. 그러나 이제는 돈에 대한 새로운 시각을 배움으로써 보다 안정된 미래를 계획할 수 있을 것 같다. 젊은 시절 이 책을 만났다면 더 행복하지 않았을까 하는 아쉬움이 남지만, 이제라도 삶의 2막을 준비할 용기를 얻게 되어 감사하다.

목차

프롤로그 돈, 우리 삶의 시작과 끝   6

추 천 사 최성섭(한국뉴욕주립대 교수) I 신상태(대한민국재향군인회 회장)
이관영(씨티은행 부행장) I 서병덕(가천대 경영학과 명예교수)
조성준(가천대학교 경영학과 교수)   8

제1장 돈과 우리의 삶
1. 돈, 삶의 중심에 선 존재   19
2. 돈과 인간관계 – 갈등과 화해의 요소   23
3. 어릴 때부터 배우는 돈의 가치   27
4. 어린 시절의 경제교육   31
5. 유대인들의 경제교육   34
6. 돈에 대한 긍정적 인식 형성하기   38

제2장 돈의 역사와 역할
1. 돈의 역사와 기원   45
2. 교환 수단에서 행복의 도구로   54
3. 돈의 속성 – 자유와 책임의 균형   59
4. 돈의 욕망과 그 이면   74

제3장 현대 사회에서의 돈
1. 돈이란 무엇인가?   81
2. 돈의 7가지 핵심 기능   85
3. 돈의 역할과 미래   94
4. 현대 사회에서 돈의 영향력   99

제4장 돈과 개인의 성격
1. 돈이 드러내는 인간의 본성   107
2. 돈 사용 습관과 성격의 관계   110
3. 돈의 올바른 사용법   116
4. 사회적 환원과 나눔의 가치   132
5. 돈은 우리 삶의 창문   141

제5장 자아실현과 재정 독립
1. 자아실현을 위한 돈의 역할   151
2. 돈을 버는 목적과 목표 설정   172
3. 삶의 단계별 돈 관리법   180
4. 경제적 독립을 위한 전략   186

제6장 돈 관리의 기술
1. 돈 관리의 기본 원칙   193
2. 효과적인 저축 습관 만들기   198
3. 예산 계획과 실행 전략   210
4. 장기적 투자와 재테크   213

제7장 돈과 행복의 상관 관계
1. 돈과 행복의 연관성   223
2. 돈이 가져다주는 행복의 한계   225
3. 돈을 통한 만족과 삶의 질 향상   233
4. 균형 잡힌 돈과 삶의 철학   239

에필로그 돈과 함께하는 행복한 삶을 위하여   244
참고문헌   247

제1장

돈과 우리의 삶

1. 돈, 삶의 중심에 선 존재
2. 돈과 인간관계 – 갈등과 화해의 요소
3. 어릴 때부터 배우는 돈의 가치
4. 어린 시절의 경제교육
5. 유대인들의 경제교육
6. 돈에 대한 긍정적 인식 형성하기

1
돈, 삶의 중심에 선 존재

"돈은 사랑이다." 이 말을 처음 들으면 생소하거나 어색하게 느껴질 수 있다. 사랑과 돈은 너무나도 다른 개념처럼 보이기 때문이다. 그러나 조금만 깊이 생각해 보면, 돈과 사랑은 우리의 삶에서 떼려야 뗄 수 없는 긴밀한 관계를 가지고 있으며, 둘 다 인간의 삶에 깊은 영향을 미친다는 공통점을 가지고 있다. 사랑이 없다면 세상이 황폐해지듯이, 돈이 없다면 삶은 기본적인 생존조차 어려운 상태로 전락하게 된다.

사랑은 인간이 살아가는 데 있어 꼭 필요하다. 가족 간의 사랑, 친구 간의 우정, 연인 간의 애정 등 모든 형태의 사랑은 인간 사회를 지탱하는 힘이다. 사랑이 부족하다면, 우리는 서로를 이해하거나 돕지 않게 되고, 이는 곧 사회적 고립으로 이어질 것이다. 마찬가지로 돈도 현대 사회에서는 필수적인 요소로 자리 잡았다. 돈은 우리의 생존을 보장하고, 꿈을 실현하며, 타인과 관계를 맺는 데 중요한 도구로 작용한다.

돈과 사랑의 또 다른 공통점은 둘 다 잘못 다루었을 때 큰 고통을 초래할 수 있다는 점이다. 사랑이 왜곡되면 증오, 분노, 두려움과 같은 부정적인 감정으로 변질될 수 있듯이, 돈도 잘못된 방식으로 관리되면 갈등, 불신, 파산 등 삶의 여러 측면에 부정적인 영향을 미친다. 특히 돈과 사랑이 얽혀있는 가족 관계에서는 이 문제가 더욱 두드러지게 나타난다.

예를 들어, 부모와 자식 간에 사랑이 결여되었을 때 서로를 돌보지 않고 무관심해질 가능성이 커진다. 이는 곧 사회적 문제로 이어질 수 있다. 병원에 입원한 부모를 자식이 돌보지 않는 현상도 이러한 맥락에서 발생한다. 이러한 문제의 이면에는 사랑과 돈에 대한 가치의 부재가 자리 잡고 있다.

돈의 기원을 살펴보면, 돈은 단순한 교환 수단 이상의 의미를 가진다. 인류는 원시 시대에 수렵과 채집으로 생계를 이어가다가, 정착 생활을 시작하며 농업과 목축을 통해 잉여 생산물을 얻었다. 이 잉여 생산물을 효율적으로 교환하기 위해 고안된 것이 화폐다. 돈은 인간의 편의를 위해 만들어졌고, 사회적 관계를 형성하는 데 기여해 왔다.

현대 사회에서 돈은 사랑과 비슷한 기능을 수행한다. 돈을 통해 우리는 타인에게 호의를 표현할 수 있고, 우리의 관심과 애정을 전달할 수도 있다. 친구를 위해 식사를 대접하거나, 소중한 사람에게 선물하는 것처럼 돈은 사랑의 매개체로서 작용한다. 이러한 맥락에서 돈은 물질적 가치 이상의 의미를 지니며, 우리의 감정과 관계에 영향을 미친다.

하지만 돈은 자유와 책임이라는 양면성도 가지고 있다. 돈은 우리에게 선택의 폭을 넓혀주기도 하지만, 동시에 올바른 방식으로 사용되지 않을 때 갈등과 고통을 초래하기도 한다. 돈에 대한 이해와 관리 능력은 단순한 경제적 기술이 아니라 삶의 철학과 태도에 해당한다.

돈은 우리가 제대로 배우고 다룰 때 사랑처럼 풍요로운 삶을 선물하지만, 잘못된 방식으로 사용될 때는 상처와 고통을 남긴다. 그렇기 때문에 돈을 사랑처럼 아끼고 잘 관리하며, 올바르게 사용해야 한다. 돈을 통해 우리의 삶을 윤택하게 하고, 주변 사람들에게 사랑을 나누며 사회적 책임을 다할 수 있다면, 우리는 더 행복하고 조화로운 삶을 살 수 있을 것이다.

돈을 사랑이라고 정의했을 때, 일부 사람들은 의아해할 수도 있다. 하지만 이 정의가 단순히 물질적 소유를 칭송하는 것이 아니라 돈의 본질과 그 역할을 이해하고, 이를 통해 삶의 가치를 실현하는 과정임을 이해한다면, "돈은 사랑이다"라는 말이 더 이상 낯설지 않을 것이다.

돈은 우리가 원하는 삶을 설계하고 사랑을 표현하며 관계를 강화하는 데 중요한 역할을 한다. 따라서 우리는 돈을 단순히 사용하는 수단으로만 여기지 않고, 사랑처럼 존중하고 소중히 여기는 태도를 가져야 한다. 돈과 사랑은 모두 우리 삶에 반드시 필요한 존재이며, 둘을 균형 있게 관리할 때 비로소 우리의 삶은 온전히 풍요로워질 것이다.

2
돈과 인간관계
갈등과 화해의 요소

 돈은 인간관계를 만들기도 하고 깨뜨리기도 한다. 특히 우리나라처럼 정(情)을 중요시하는 문화에서는 돈과 인간관계가 복잡하게 얽혀있다. 친구나 동료가 급전이 필요하다고 할 때, 우리는 어떤 선택을 해야 할지 고민하게 된다.

 나는 오랜 금융업계 경험을 통해 많은 사례를 보아왔다. 그중에서도 특히 기억에 남는 것은 '동네계' 사건이었다. 어린 시절, 어머니와 동네 아주머니들이 계모임을 하던 모습이 아직도 선명하다. 인자해 보이던 계주가 야반도주를 해서 계가 파산하는 것을 목격했고, 그로 인해 온 동네가 발칵 뒤집혔던 기억이 있다.
 이런 일을 겪은 뒤로 돈과 인간관계에 대해 깊이 생각하게 되었다. 평화롭고 안락했던 마을이 한순간에 아비규환이 되는 것을 보면서, 돈이 얼마나 무서운 존재인지 깨달았다. 돈 문제는 마치 도미노처럼 연쇄적으로 주변 사람들에게 영향을 미친다. 한 사람의 실수나 배신이 수많은 가정을 풍비박산 내는 것을 여러 번 목격했다.

특히 기억에 남는 것은 K의 이야기다. 90년대 초반부터 사회생활을 시작하면서 차곡차곡 돈을 모아온 그에게 어느 날 선배의 친구 L이 찾아왔다. 5천만 원만 빌려주면 엔터테인먼트 사업에 투자하고 매월 은행 이자의 몇 배에 달하는 수익을 주겠다는 제안이었다. 솔깃한 제안이었지만, K는 이를 정중히 거절했다. 나중에 알고 보니 그 L이란 사람은 여기저기서 같은 방식으로 돈을 빌리고 다녔고, 많은 이들이 피해를 입었다고 한다.

이런 사례들을 통해 우리는 무엇을 배울 수 있을까? 먼저, 돈과 관련된 문제는 항상 명확한 기준과 원칙이 있어야 한다. 아무리 가까운 사이라도 돈을 빌려줄 때는 정확한 상환 계획과 서면 계약이 필요하다. 이것은 불신이 아니라 서로를 위한 최소한의 안전장치다.

우리나라처럼 '정(情)'을 중시하는 문화에서는 이런 원칙을 지키기가 쉽지 않다. 가까운 사이일수록 계약서 작성을 꺼리고, 믿음만으로 거래하는 경우가 많다. 하지만 이는 오히려 관계를 해칠 수 있다. 돈을 빌려주고 받지 못하면 아무리 성현군자라도 그 사람이 미워지기 마련이다.

투자를 권유받았을 때는 더욱 신중해야 한다. 높은 수익률을 약속하는 투자는 대부분 위험이 크다. "돈을 버는 것보다 지키는 게 더 어렵다"라는 말이 있듯이, 자칫 잘못하면 평생 모은 돈을 한순간에 잃을 수 있다. 특히 가까운 사이일수록 더욱 객관적인 판단이 필요하다.

돈으로 인한 갈등은 가족 관계에서 더욱 심각한 문제를 일으킨다. 요양원이나 요양병원에 입원한 부모님을 처음에는 자주 찾아가다가 점점 발길이 뜸해지는 경우를 흔히 볼 수 있다. 이는 경제적 부담과 직결되어 있다. 또한 상속 문제, 생활비 부담 문제, 투자 실패로 인한 가족 간의 갈등 등 다양한 형태로 나타난다.

이러한 갈등을 예방하기 위해서는 평소에 돈에 대한 열린 대화가 필요하다. 서양의 경우에는 모든 것이 계약에 의해 진행되어 문제가 생기면 법적으로 해결하는 것이 일반적이다. 하지만 우리나라는 '유교주의와 정'이 넘치는 문화적 특성 때문에 이런 방식을 적용하기가 쉽지 않다.

가장 중요한 것은 예방이다. 돈 거래는 부지불식간에 이루어진다. "눈 뜨고 코 베어간다"는 속담처럼, 정신을 바짝 차리지 않으면 순식간에 피해를 볼 수 있다. 특히 수익을 제공한다는 '투자'의 유혹에는 더욱 조심해야 한다. 알토란같이 모아놓은 돈을 주변 지인이나 친지 등에게 몽땅 빼앗기는 사례는 빙산의 일각일 뿐이다.

자신의 경제적 한계를 명확히 인지하고, 그 범위 내에서 행동하는 것이 중요하다. 무리한 투자나 대출은 결국 자신뿐만 아니라 주변 사람들에게도 큰 상처를 준다. 가족이나 친구 관계가 한순간에 무너지는 것을 보면서, 돈이 얼마나 무서운 존재인지 다시 한번 깨닫게 된다.

돈은 마치 남녀 사이의 사랑처럼, 아니 가족과의 사랑처럼 더 나아가 타인과의 사랑처럼 관리를 잘해야만 한다. 자칫 잘못했다가는 배신, 상처, 원망, 분노를 낳게 하는 악마와도 같은 성질이 있는 것이 돈의 속성이다. 그러나 이를 잘 다루면 오히려 관계를 더욱 돈독하게 만들 수 있다.

돈과 인간관계는 매우 밀접하게 연관되어 있다. 이를 잘 관리하기 위해서는 명확한 원칙과 기준, 그리고 객관적인 판단력이 요구된다. 더불어 평소에 돈에 대한 열린 대화를 나누고, 서로를 이해하려는 노력이 필요하다. 이를 통해 우리는 돈으로 인한 갈등을 최소화하고, 건강한 인간관계를 유지할 수 있을 것이다.

3
어릴 때부터 배우는 돈의 가치

워런 버핏은 "내가 8살 때부터 주식 투자를 시작했는데, 5살 때부터 시작했더라면 좋았을 것"이라고 말한 적이 있다. 이는 단순히 투자 시기의 문제가 아니라, 어린 시절부터 돈의 가치와 관리의 중요성을 깨달았다는 의미일 것이다. 실제로 버핏은 어린 시절부터 돈이 무엇인지 제대로 깨달았고, 돈에 대한 관리도 철두철미했던 것으로 알려져 있다.

우리나라의 교육 현실은 어떠한가? 사교육비가 가계 수입의 60~70%를 차지할 정도로 입시 위주의 교육에 치중하고 있다. 영어, 수학, 과학 등의 학원을 보내며 의대, 치대, 한의대 등 소위 돈을 잘 벌 수 있는 대학에 보내기 위해 애쓴다. 심지어 재수, 삼수, 사수까지 시키면서도 자녀의 진학을 위해 부모들은 헌신하고 있다.

하지만 이러한 교육방식은 아이들의 진정한 행복과는 거리가 멀다. 미래의 행복을 위해 현재의 행복을 저당 잡히는 셈이다. 더구나 의대, 치대, 한의대를 졸업하고도 10년 이상의 공부를 더 해 30대가 되어서야 개업을 할 수 있고, 그때도 병원과 한의원을 차리기 위해 또다시 많은 돈이 필요하다. 결국, 돈 많은 집안의 배우자를 찾게 되는 등 또 다른 사회적 문제를 야기하고 있다.

어린 시절부터 돈 공부를 제대로 하지 않으면 어떻게 될까? 돈을 아무리 많이 벌더라도 과소비에 빠지거나 돈에 관리당하는 역효과를 보게 된다. 돈 공부가 딱딱하게 느껴질 수 있지만, 이를 재미있게 접근할 방법이 있다. 마치 내가 영어회화를 배울 때의 경험처럼 말이다.

나는 과거 영어회화 울렁증 때문에 SDA(삼육외국어학원)에 다녔었다. 캐나다 출신 선생님은 우리에게 천국을 보여주겠다며 캐나다의 아름다운 자연을 보여주었고, 미국인 선생님은 영어회화 스트레스를 줄이기 위해 다트 게임이나 단어 게임을 통해 재미있게 가르쳤다. 마찬가지로 돈 공부도 어린 시절부터 재미있는 놀이처럼 인식시키고 꾸준히 학습하도록 해야 한다.

어린 시절의 돈 관리는 예상외로 쉽지 않다. 부모님이나 친척으로부터 받은 돈으로 물건을 살 때, 대부분 아이는 계산 없이 즉흥적으로 지출한다. 이런 습관이 성인이 되어서도 이어지면 문제가 된다. 청소년기에도 부모님이 주시는 학용품비, 교통비, 식비 등을 본인의 돈처럼 아무런 의식 없이 사용하는 경우가 많다.

현재 우리 세대의 부모들은 자신들이 어렵게 살아왔기에 자녀들만큼은 풍족하게 키우고 싶어 한다. 하지만 이것이 오히려 독이 될 수 있다. 아이들은 부모님이 주시는 돈으로 공부보다는 놀이나 친구들과 어울리는 데 시간을 보내다 보니, 돈 관리의 중요성을 깨닫지 못한다.

해결책은 무엇일까? 우선 유대인들의 교육방식을 참고할 만하다. 남자 13세, 여자 12세가 되면 성년식을 통해 친척과 가족으로부터 금전적 선물을 받으며, 이를 사업 투자나 교육 자금으로 활용하도록 지도한다. 이를 통해 돈 관리 능력과 책임감을 기르는 것이다. 우리도 이런 방식을 도입하여, 성년이 되었을 때 부모와 자녀가 돈 관계에서 독립할 수 있도록 해야 한다.

돈 교육은 단순히 저축하는 방법을 가르치는 것에 그쳐서는 안 된다. 돈의 가치, 올바른 소비 습관, 투자의 기본 원리, 위험 관리 등 종합적인 금융 이해력을 키워주어야 한다. 이는 마치 영어회화를 배우듯 꾸준하고 재미있게 접근해야 할 문제다.

더불어 금융문맹(돈 문맹)을 퇴치하기 위한 시급한 금융경제 교육이 필요하다. 알고만 있으면 안 되고 반드시 실천해야 한다는 말이 있듯이, 하루빨리 어린 시절부터 돈 관리의 방법과 중요성을 일깨워줘야 한다. 이를 통해 부모는 노후가 순조로워지고, 자녀는 부모에게 짐이 되지 않는 완전한 독립 객체가 될 수 있다.

어린 시절부터의 돈 교육은 선택이 아닌 필수다. 이는 마치 마라톤과 같이 꾸준함과 인내가 필요한 과정이며, 장기적인 안목으로 접근해야 한다. 우리가 진정으로 자녀들의 행복한 미래를 원한다면, 입시 위주의 교육에서 벗어나 실질적인 금융교육에도 관심을 기울여야 할 때다.

4
어린 시절의 경제교육

　어릴 적부터 돈의 가치를 배우는 것은 금전적인 지식을 쌓는 것을 넘어, 삶의 중요한 가치관을 형성하는 데 큰 역할을 한다. 돈은 단순히 물건을 사는 도구가 아니라 시간과 노력의 결과물이며, 이를 어떻게 관리하느냐에 따라 미래의 삶이 달라질 수 있다는 것을 어릴 때부터 깨닫는 것이 중요하다.

　먼저, 용돈을 통해 돈의 흐름을 이해할 수 있다. 매주 또는 매월 일정한 금액의 용돈을 주고, 이를 어떻게 사용할지 스스로 결정하도록 하는 것이 좋다. 용돈은 단순히 쓰라고 주는 것이 아니라 저축, 지출, 기부 등으로 나누어 관리하는 법을 배우는 도구가 되어야 한다. 아이는 스스로 계획을 세우고, 그 계획에 따라 돈을 분배하면서 자연스럽게 금융 관리의 기본을 익히게 된다.

　저축의 중요성도 강조해야 한다. 작은 저금통을 주거나 은행에 어린이 계좌를 개설해 저축하는 습관을 들이는 것이 좋다. 아이가 원하는 장난감이나 책을 사는 것을 목표로 삼아 조금씩 돈을 모으는 과정을 경험하게 하면, 저축이 단순히 돈을 모으는 행위가 아니라 목표를 이루기 위한 과정이라는 것을 이해하게 된다.

또한 지출에 대한 생각도 깊이 있게 가르쳐야 한다. 필요한 것과 원하는 것을 구분하는 법, 물건을 사기 전에 꼭 필요한지, 더 저렴한 대안은 없는지 고민하는 습관을 들이는 것이 중요하다. 슈퍼마켓에 갔을 때 가격을 비교하거나 할인 상품을 찾아보는 것처럼 일상생활에서 쉽게 적용할 수 있는 방법들이 많다.

노력과 보상의 관계도 아이에게 가르쳐야 할 중요한 개념이다. 집안일을 돕거나 특정 과제를 완수했을 때 보상으로 용돈을 주는 방식으로, 돈이 그냥 주어지는 것이 아니라 노력의 결과물이라는 것을 깨닫게 해야 한다. 이를 통해 아이는 돈을 벌기 위해 얼마나 많은 시간과 에너지가 필요한지 이해하게 된다.

경제의 기본 개념도 쉽게 설명할 수 있다. 이자, 예산, 투자 같은 단어들이 어렵게 느껴질 수 있지만, 보드게임이나 스토리텔링을 통해 재미있게 접근하면 아이들은 자연스럽게 이러한 개념을 이해할 수 있다. 예를 들어, 부루마블 같은 게임은 돈의 흐름과 투자의 기본 원리를 배우는 데 도움이 된다.

기부와 나눔의 가치도 잊지 말아야 한다. 돈은 자신을 위해 쓰는 것만이 아니라, 다른 사람을 돕는 데에도 사용될 수 있다는 것을 가르치는 것이 중요하다. 작은 금액이라도 기부하는 습관을 들이면, 아이는 사회적 책임감을 배우고 돈의 진정한 가치를 깨닫게 된다.

부모의 역할도 매우 중요하다. 아이는 부모의 행동을 보고 배우기 때문에, 부모가 올바른 금융 습관을 보여주는 것이 가장 효과적인 교육 방법이다. 가계부를 작성하거나 지출 계획을 세우는 모습을 아이와 공유하면, 아이는 자연스럽게 금융 관리의 중요성을 이해하게 된다.

실수를 통해 배우는 과정도 중요하다. 아이가 돈을 잘못 사용했을 때 이를 비난하기보다는 왜 그런 선택을 했는지 이야기하고, 어떻게 개선할 수 있는지 함께 고민하는 것이 필요하다. 실수는 배움의 기회이며, 이를 통해 아이는 더 나은 결정을 내리는 법을 배우게 된다.

어릴 때부터 돈의 가치를 배우는 것은 금전적인 지식을 넘어, 삶의 전반적인 가치관을 형성하는 데 큰 영향을 미친다. 올바른 금융 습관은 아이가 성장하면서 더 큰 경제적 자유와 안정을 누릴 수 있는 기반이 되어준다. 따라서 부모와 교사는 아이가 돈을 이해하고 관리하는 법을 자연스럽게 배울 수 있도록 지속적으로 관심을 기울여야 한다.

5
유대인들의 경제교육

유대인들은 전 세계에서 경제적으로 성공한 사례를 많이 보여준 민족이다. 그들의 경제적 성공 뒤에는 독특한 교육 방식이 자리 잡고 있다. 유대인들의 경제교육법은 돈을 버는 기술뿐만 아니라 삶의 철학과 가치관을 깊이 있게 전달하는 데 초점을 맞춘다.

배울 점이 많은 그들의 교육 방식을 살펴보자.

첫째, 유대인들은 어릴 때부터 자립심을 키우는 데 중점을 둔다. 아이들이 스스로 문제를 해결하고 결정을 내릴 수 있도록 격려한다. 용돈을 주되 어떻게 사용할지는 아이가 스스로 결정하도록 하고, 이를 통해 아이는 돈을 관리하는 법을 배우고, 자신의 선택에 대한 책임감을 키우게 된다. 부모는 지시하는 것에 그치지 않고, 아이가 스스로 생각하고 판단할 수 있도록 돕는 역할을 한다.

둘째, 유대인들은 저축의 중요성을 강조한다. 어릴 때부터 저축하는 습관을 들이도록 교육한다. 유대인 가정에서는 아이에게 저금통을 주거나 은행 계좌를 개설해 저축하는 법을 가르친다. 이때 돈을 모으는 것을 넘어 목표를 설정하고 그 목표를 이루기 위해 계획을 세우는 과정을 중요시한다. 아이가 원하는 물건을 사기 위해 저축하는 과정에서 인내심과 계획성을 배우게 된다.

셋째, 유대인들은 투자와 창업의 가치를 어릴 때부터 가르친다. 돈을 모으는 것에서 그치지 않고, 어떻게 하면 돈이 돈을 벌 수 있는지에 대한 생각을 심어준다. 아이들에게 작은 사업을 시작해 보도록 격려하거나, 주식이나 부동산 같은 투자 개념을 쉽게 설명해 준다. 이를 통해 아이는 돈이 소비를 위한 도구가 아니라, 미래를 위한 자원이라는 것을 이해하게 된다.

넷째, 유대인들은 교육을 최우선으로 여긴다. 그들은 지식이야말로 가장 큰 자산이라고 믿는다. 아이들에게 경제 지식뿐만 아니라, 다양한 학문과 기술을 배우도록 독려한다. 특히 논리적 사고와 문제 해결 능력을 키우는 데 중점을 둔다. 이는 경제적 성공을 이루는 데 있어 꼭 필요한 과정이라고 여긴다.

다섯째, 유대인들은 사회적 책임감을 강조한다. 돈을 벌고 성공하는 것만이 중요한 것이 아니라, 그 돈을 어떻게 사용하느냐가 더 중요하다고 가르친다. 기부와 나눔의 가치를 어릴 때부터 배우도록 한다. 이를 통해 아이는 돈이 개인의 이익을 위한 것만이 아니라, 사회 전체의 발전을 위한 도구라는 것을 깨닫게 된다.

여섯째, 유대인들은 실패를 두려워하지 않는다. 오히려 실패를 통해 배우는 것을 중요시한다. 아이가 경제적 실수를 하더라도, 이를 비난하기보다는 왜 그런 결과가 나왔는지 분석하고, 다음에는 어떻게 개선할 수 있는지 함께 고민한다. 이를 통해 아이는 실패를 두려워하지 않고, 도전하는 용기를 키우게 된다.

유대인들의 경제 교육법은 돈을 버는 기술을 넘어, 삶의 철학과 가치관을 깊이 있게 전달하는 데 초점을 맞춘다. 그들은 아이들이 스스로 생각하고 결정하며, 책임감을 가지고 행동할 수 있도록 교육한다. 또한 저축과 투자의 중요성을 강조하며 사회적 책임감과 나눔의 가치를 가르친다. 이러한 교육 방식은 경제적 성공을 이루는 데 그치지 않고, 아이들이 삶의 전반적인 가치관을 형성하는 데 큰 영향을 미친다.

우리도 유대인들의 경제 교육법에서 배울 점이 많다. 아이들에게 돈의 가치와 관리 방법을 가르치고, 스스로 생각하고 결정할 수 있는 능력을 키워주는 것이 중요하다. 실패를 두려워하지 않고, 도전하는 용기를 심어주는 것도 잊지 말아야 한다. 이를 통해 아이들은 경제적인 성공뿐만 아니라, 균형 잡힌 가치관과 책임감 있는 삶의 태도를 기를 수 있을 것이다.

6
돈에 대한 긍정적 인식 형성하기

많은 사람이 돈을 부정적으로 인식한다. "돈이 인생의 전부는 아니다", "돈만 밝히는 사람" 등의 표현에서 볼 수 있듯이, 돈을 추구하는 것을 마치 부도덕한 것처럼 여기는 경향이 있다. 특히 우리 사회는 돈에 대해 이중적인 태도를 보인다. 돈이 필요하다고 하면서도, 돈을 추구하는 것에 대해서는 부정적인 시선을 보내는 것이다.

돈 자체는 선하지도 악하지도 않다. 그것을 어떻게 사용하느냐에 따라 가치가 결정되는 것이다. 미래에셋 증권의 박현주 회장이 "돈이 꽃보다 아름답다"라고 했을 때, 처음에는 그 말이 이해되지 않았다. 존경받는 분이 어떻게 그런 말씀을 하실 수 있을까 하고 의아해했던 것이 벌써 10여 년 전의 일이다. 그러나 시간이 흐르면서 그 의미를 깊이 이해하게 되었다.

나이가 들수록 돈에 대한 인식은 부정적인 이미지에서 긍정적인 이미지로 변모해간다. 돈은 마치 마라톤과 같다. 처음 1km를 달릴 때는 10km가 너무나 멀게만 느껴진다. 10km를 달리고 나면 하프 코스가, 하프를 뛰고 나면 30km가, 그리고 전 구간 완주가 목표가 된다. 돈도 마찬가지다. 처음에는 1천만 원 모으기가 힘들지만, 그것이 모이면 1억을 향해 도전하게 된다.

마라톤에서 완주를 위해서는 아침밥을 든든히 먹는 것이 필수이듯, 돈 관리도 기본기가 중요하다. 작은 턱이나 돌멩이에 걸려 넘어질 수 있는 것처럼, 돈 관리에서도 사소한 실수가 큰 문제를 일으킬 수 있다. 돈은 우리가 생각한 것보다 네 발이 달려 있어 적어도 4배는 빨리 움직인다고 보면 된다.

마라톤 주로에서 보면 선수들 간의 부딪힘, 운동화 끈의 풀림 등 사소한 것들이 달리는 사람들의 발목을 잡는다. 돈 관리도 마찬가지다. 설마 하는 작은 방심이 큰 손실로 이어질 수 있다. 주변의 유혹, 충동적인 소비, 무분별한 투자 등이 우리의 발목을 잡을 수 있다.

그러나 이러한 어려움에도 불구하고, 꾸준히 노력하면 반드시 목표에 도달할 수 있다. 마라톤에서 완주 후 받는 메달처럼, 돈 관리에서도 성취감과 보람을 느낄 수 있다. 처음에는 힘들고 포기하고 싶을 때도 있지만, 시간이 지나면서 그 과정 자체가 의미 있는 여정이 된다.

돈에 대한 긍정적 인식은 돈을 좋아하는 것을 넘어 돈의 가치를 이해하고 올바르게 관리하며, 의미 있게 사용하는 것을 의미한다. 독서를 통해 돈의 흐름과 역사를 이해하고, 과거의 실패와 성공 사례를 배우는 것도 중요하다. 책을 통해 우리는 돈에 대한 더 깊은 통찰력을 얻을 수 있다.

특히 부자들의 삶을 보면, 그들 대부분이 돈에 대해 건전한 태도를 가지고 있다는 것을 알 수 있다. 워런 버핏처럼 검소한 생활을 하면서도 돈을 현명하게 운용하는 사람들이 많다. 이들은 돈을 목적이 아닌 수단으로 보며, 그것을 통해 더 큰 가치를 창출하려고 노력한다.

현대 사회에서 돈은 단순한 교환 수단을 넘어 우리 삶의 질을 결정하는 중요한 요소가 되었다. 하지만 이는 돈이 우리를 지배한다는 의미가 아니다. 오히려 우리가 돈을 현명하게 관리하고 사용할 때, 그것은 우리의 삶을 더욱 풍요롭게 만드는 도구가 될 수 있다.

돈은 우리가 꿈꾸는 것들을 실현하는 수단이 된다. 자녀 교육, 주택 마련, 노후준비 등 인생의 중요한 목표들을 이루는 데 도움을 준다. 하지만 이를 위해서는 장기적인 안목과 체계적인 계획이 필요하다. 마라톤처럼 꾸준히 노력하고 관리해야 하는 것이다.

돈에 대한 올바른 인식과 관리 능력은 우리 삶의 질을 결정하는 중요한 요소가 된다. 돈을 부정적으로 보는 것이 아니라, 삶을 풍요롭게 만드는 도구로 인식하고 현명하게 관리할 때, 우리는 진정한 경제적 자유를 얻을 수 있는 것이다. 이것이 바로 "돈이 꽃보다 아름답다"라는 말의 진정한 의미일 것이다.

제2장

돈의 역사와 역할

1. 돈의 역사와 기원
2. 교환 수단에서 행복의 도구로
3. 돈의 속성 – 자유와 책임의 균형
4. 돈의 욕망과 그 이면

1
돈의 역사와 기원

 인류가 처음부터 돈을 사용한 것은 아니다. 원시 사회에서 사람들은 자급자족하며 생활하다가 점차 공동체가 커지고, 노동이 분업화되면서 남는 물건을 서로 교환하는 물물교환 방식이 등장했다. 그러나 물물교환에는 큰 불편함이 있었다. 예를 들어, 한 농부가 자신이 기른 곡식을 도자기 장인과 교환하고 싶어도, 장인이 지금 당장 곡식이 필요하지 않다면 거래가 성사될 수 없었다. 또한 가치는 상대적이라 사람마다 평가하는 기준이 달라 거래의 기준을 정하기가 쉽지 않았다.

 이러한 문제를 해결하기 위해 공통된 가치의 기준이 되는 매개체가 필요했다. 처음에는 소금, 조개껍데기, 가축 등이 교환 수단으로 사용되었다. 소금은 음식 보관에 필수적이었고, 조개껍데기는 희귀한 장신구로 쓰였으며, 가축은 재산의 척도로 여겨졌다. 그러나 이러한 물품들도 휴대성과 분할 가능성에서 불편함이 있었다.

이후 사람들이 금, 은, 구리와 같은 금속을 이용한 화폐를 사용하기 시작하면서 본격적인 '돈'의 개념이 자리 잡았다. 금속 화폐는 내구성이 뛰어나고, 가치를 보존할 수 있으며, 상대적으로 쉽게 운반할 수 있다는 장점이 있었다. 고대 리디아(현재의 터키)에서 최초로 금속 주화를 주조했으며, 이후 로마 제국과 중국 등에서도 화폐 제도가 발달하게 되었다.

교환 수단에서 행복의 도구로

금속 화폐가 널리 사용되었지만, 대량으로 거래할 때는 여전히 불편함이 존재했다. 무거운 금속을 가지고 다니는 것은 위험하고, 보관하는 것도 어려웠다. 이에 따라 중국 송나라 시기에는 신용을 기반으로 한 '지폐(교자, 회자)'가 등장했다. 교자(交子)와 회자(會子)는 세계 최초의 지폐다.

교자는 1004년경 쓰촨성 성도의 16개 상호(商號)에서 시작되었다. 상인들이 금속 화폐를 예치하고 받은 예치증서가 점차 화폐처럼 유통되기 시작했다. 송나라는 이러한 민간 교자의 편리성을 인정하여 1023년 관영 교자무를 설립하고 나라에서 발행하는 화폐로 제도화했다.

회자는 1160년 송나라가 교자를 대체하기 위해 발행한 새로운 지폐다. 교자가 지역적으로 제한적이었던 것에 비해, 회자는 전국적으로 통용되는 화폐로 설계되었다.

이러한 지폐의 등장은 화폐 역사에서 중요한 혁신이었다. 무거운 금속 화폐를 운반할 필요가 없어졌고, 대규모 거래가 훨씬 쉬워졌다. 또한 정부가 화폐 발행을 통제할 수 있게 되어 체계적인 통화정책이 가능해졌다. 이는 현대 지폐 제도의 시초가 되었다고 할 수 있다.

유럽에서 종이 화폐의 시작은 16~17세기 상인들의 교역 활동과 깊은 관련이 있다. 당시 런던과 암스테르담 같은 주요 무역 도시의 상인들은 안전한 거래를 위해 금세공업자들에게 금화를 예치하기 시작했다. 금세공업자들은 예치된 금화에 대한 증서를 발행했고, 이 증서는 소지자가 언제든 금화로 교환할 수 있었다.

이러한 예치증서는 점차 화폐처럼 유통되기 시작했다. 사람들은 실제 금화를 주고받는 대신, 더 안전하고 편리한 증서를 이용해 거래했다. 특히 장거리 무역에서는 무거운 금화를 운반할 필요가 없어 도난의 위험도 줄일 수 있었다.

1656년 설립된 스웨덴의 스톡홀름 방코(Stockholms Banco)는 1661

년 유럽 최초로 근대적 은행권을 발행했다. 이어서 1694년 설립된 영국은행(Bank of England)은 정부 차입금의 담보로 은행권을 발행하기 시작했다. 17세기 후반부터는 금과 귀금속을 다루는 골드스미스(Goldsmiths)들이 본격적으로 은행업에 참여하며, 예금 수취와 대출, 그리고 교환증서 발행 업무를 체계화했다.

19세기에 들어서면서 각국은 중앙은행 제도를 도입했다. 영국은 1844년 피일 은행법(Peel's Bank Act)을 통해 영국은행에 은행권 발행 독점권을 부여했고, 다른 유럽 국가들도 이를 모델로 삼아 중앙은행 체제를 확립했다. 이러한 과정을 통해 은행권은 금이나 은과의 교환을 전제로 한 지폐에서, 국가가 그 가치를 보증하는 법정화폐로 발전했다. 이는 현대 화폐 시스템의 근간이 되었으며, 오늘날 우리가 사용하는 지폐의 직접적인 기원이 되었다.

20세기에 들어서며 화폐 제도는 더욱 근본적인 변화를 겪게 되었다. 1차 세계대전 이후 각국은 전쟁 비용을 충당하기 위해 금본위제를 잠정적으로 중단했고, 1929년 대공황을 거치면서 금본위제의 한계가 더욱 분명해졌다.

결정적인 변화는 1971년에 일어났다. 미국은 닉슨 대통령의 결단으로 달러와 금의 교환을 전면 중단하는 '닉슨 쇼크'를 단행했다. 이로써 1944년 브레턴우즈 체제에서 확립된 금환본위제(조정 가능한 고정환율제도)가 사실상 종료되었다. 이후 1973년 주요국들이 변동환율제로 전환하면서 브레턴우즈 체제는 공식적으로 막을 내렸다.

이후 세계 각국의 화폐는 금이나 다른 실물자산과의 교환성을 완전히 상실하고, 순수한 신용화폐(fiat money)로 전환되었다. 신용화폐는 그 자체로는 실질적 가치가 없으나, 정부가 법정화폐로 지정하고 강제통용력을 부여함으로써 가치를 인정받게 되었다.

현대의 화폐 가치는 해당 국가의 경제력, 정치적 안정성, 그리고 정부와 중앙은행의 신뢰도에 의해 결정된다. 중앙은행은 통화정책을 통해 화폐 공급량을 조절하며, 이는 물가안정과 경제 성장이라는 정책 목표를 달성하기 위한 핵심 수단이 되었다.

디지털 시대의 돈: 전자화폐와 암호화폐

디지털 시대가 본격화되면서 화폐의 형태와 사용 방식도 급격한 변화를 맞이했다. 21세기에 들어서며 현금 사용은 지속적으로 감소하고, 전자화폐, 신용카드, 모바일 결제 등 다양한 비현금 결제 수단이 주류로 자리 잡았다.

이러한 변화는 정보통신 기술의 발전과 밀접한 관련이 있다. 인터넷 보급이 확대되고 스마트폰이 보편화하면서 온라인 뱅킹과 모바일 결제가 일상화되었다. 특히 간편 결제 시스템의 등장으로 소액 거래에서도 현금 대신 전자적 수단을 사용하는 것이 더 편리해졌다.

전자금융의 발전은 금융 서비스의 시공간적 제약을 크게 완화했다. 24시간 언제든 은행 업무를 처리할 수 있게 되었고, 국경을 넘는 송금도 훨씬 쉬워졌다. 이는 경제 활동의 효율성을 높이고 거래 비용을 낮추는 데 크게 기여했다.

2009년 비트코인의 등장은 화폐의 개념에 또 다른 혁신을 가져왔다. 블록체인 기술을 기반으로 한 암호화폐는 중앙은행이나 금융 기관의 중개 없이도 개인 간 직접 거래가 가능한 새로운 방식을 제시했다. 이는 기존 금융시스템에 대한 근본적인 도전이 되었다.

암호화폐는 분산원장 기술을 통해 거래의 투명성과 안전성을 보장한다. 모든 거래 내역이 네트워크 참여자들에게 공개되고 검증되며, 한 번 기록된 정보는 임의로 수정할 수 없다. 이러한 특성은 기존 금융시스템의 한계를 보완할 수 있는 대안으로 주목받았다.

특히 엘살바도르가 2021년 비트코인을 법정화폐로 채택한 것을 시작으로, 일부 국가들은 암호화폐를 공식적인 결제수단으로 인정하려는 움직임을 보이고 있다. 또한 많은 중앙은행이 중앙은행 디지털화폐(CBDC, Central Bank Digital Currency) 도입을 적극 검토하고 있어 디지털화폐의 영향력은 더욱 확대될 전망이다.

이러한 변화로 인해 디지털 보안, 개인정보 보호, 금융 포용성 등의 문제가 중요한 해결 과제로 대두되었다. 특히 암호화폐의 높은 가격 변동성과 규제 문제는 여전히 논란의 대상이 되고 있다.

디지털 시대의 화폐는 편리성과 효율성을 높이는 동시에, 안전성과 신뢰성이라는 전통적 가치도 함께 추구해야 하는 과제를 안게 되었다. 이는 미래 화폐 시스템의 발전 방향을 결정짓는 중요한 요소가 될 것으로 전망된다.

돈의 역할과 중요성

돈은 현대 사회에서 경제와 사회를 움직이는 핵심 동력이 되었다. 개인의 일상생활부터 국가 간 거래까지, 돈은 모든 경제 활동의 기반이 되며 사회 시스템을 작동시키는 근간이 된다.

돈의 가장 기본적인 기능은 교환의 매개체 역할이다. 우리는 돈을 통해 필요한 물건과 서비스를 자유롭게 구매할 수 있고, 노동의 대가를 받을 수 있다. 이러한 거래가 원활하게 이루어짐으로써 경제 활동이 활성화되고 사회가 발전할 수 있다.

더 나아가 돈은 개인의 자유와 선택의 폭을 넓혀주는 수단이 된다. 적절한 재정적 기반이 있을 때 교육, 직업, 주거 등 삶의 다양한 영역에서 더 많은 선택권을 가질 수 있다. 이는 개인의 자아실현과 사회적 이동성을 높이는 데 기여한다.

국가 차원에서도 돈의 역할은 매우 중요하다. 통화정책을 통한 경제 조절, 재정 지출을 통한 공공서비스 제공, 국제 무역을 통한 경제 성장 등이 모두 돈을 매개로 이루어진다.

그러나 돈이 인생의 모든 문제를 해결해 주는 만능열쇠는 아니다. 돈의 많고 적음이 반드시 행복의 척도가 되지는 않는다. 오히려 과도한 물질적 추구는 정신적 가치를 해치고 삶의 균형을 무너뜨릴 수 있다.

따라서 현대인에게 필요한 것은 돈을 관리하고 활용하는 지혜다. 재무관리 능력, 투자에 대한 이해, 경제 흐름을 읽는 안목 등 금융 지식과 이해도를 높이는 것이 중요하다. 복잡해진 경제 환경 속에서 개인의 재정적 안정과 미래를 스스로 설계할 수 있는 능력이 생존과 번영의 핵심이기 때문이다.

건강한 삶을 위해서는 물질적 풍요와 정신적 가치의 균형을 이루는 것이 무엇보다 중요하다. 이를 위해 돈의 본질을 이해하고, 현명하게 관리하며 올바르게 사용하는 능력을 키우는 것이 현대를 살아가는 우리의 중요한 과제가 되었다.

기술의 발전과 함께 미래의 돈은 더욱 비물질화될 가능성이 크다. 현금 없는 사회(cashless society)가 가속화되면서 모바일 결제, 전자화폐, 중앙은행 디지털화폐(CBDC) 등의 역할이 더욱 커질 것이다. 또한 AI와 빅데이터를 활용한 개인 맞춤형 금융 서비스가 발전하면서 기존의 금융시스템도 빠르게 변화할 것으로 전망된다.

한편, 이러한 변화 속에서 돈의 본질적 역할과 가치에 대한 논의도 활발히 이루어지고 있다. 새로운 화폐 시스템이 등장할 수도 있고, 지금 우리가 알고 있는 '돈'의 개념이 완전히 달라질 수도 있다.

돈은 역사와 문명의 산물이며, 사회적 신뢰를 바탕으로 발전해왔다. 돈이 없던 시절부터 현대의 디지털화폐까지 돈의 형태는 끊임없이 변화해 왔지만, 그 본질적인 기능은 동일하게 유지되고 있다.

돈을 올바르게 이해하고 관리하는 것은 개인의 삶뿐만 아니라 사회 전체의 발전에도 중요한 영향을 미친다. 과거를 돌아보고 현재를 이해하며 미래를 준비하는 것이야말로 돈을 다루는 가장 현명한 방법일 것이다.

2
교환 수단에서 행복의 도구로

화폐의 가장 기본적인 기능은 교환의 매개체다. 원시 시대의 물물교환 방식이 가진 한계를 극복하고자 등장한 화폐는 인류 문명의 발전과 함께 그 역할이 점차 확대되었다.

초기 화폐는 단순히 물건을 사고파는 도구에 불과했다. 그러나 시간이 흐르면서 화폐는 가치를 저장하고 이전하는 기능을 갖게 되었다. 노동의 대가를 화폐로 받아 저축하고, 필요할 때 사용할 수 있게 된 것이다. 이는 인류가 미래를 계획하고 준비할 수 있게 해준 중요한 진전이었다.

산업혁명 이후 자본주의 경제가 발달하면서 돈의 역할은 더욱 다양해졌다. 단순한 교환 수단을 넘어 투자와 자산 증식의 도구가 되었다. 은행 제도의 발달로 예금과 대출이 가능해졌고, 주식과 채권 같은 금융상품이 등장하면서 돈으로 돈을 벌 수 있는 길이 열렸다.

현대 사회에서 돈의 의미는 더욱 확장되었다. 이제 돈은 경제적 가치를 넘어 삶의 질과 행복을 결정짓는 중요한 요소다. 교육, 의료, 주거, 여가 등 삶의 모든 영역에서 돈은 선택의 폭을 넓혀준다.

돈은 시간과 자유를 얻을 수 있게 해준다. 충분한 경제적 기반이 있다면 자신이 원하는 일을 선택할 수 있고, 여가 시간을 가질 수 있으며, 인생의 다양한 경험을 추구할 수 있다. 이는 돈이 물질적 풍요를 넘어 삶의 질적 향상을 가능하게 하는 도구가 되었음을 의미한다.

돈은 또한 안전과 안정감을 제공한다. 예기치 못한 사고나 질병, 노후에 대비할 수 있게 해주며, 가족의 미래를 준비할 수 있게 한다. 이러한 경제적 안정감은 정신적 평안과 행복감으로 이어진다.

그러나 돈이 행복의 절대적 조건은 아니다. 오히려 과도한 물질적 추구는 삶의 균형을 무너뜨리고 불행을 초래할 수 있다. 돈을 목적이 아닌 수단으로 보고, 그것을 통해 진정한 가치를 실현하는 것이 중요하다.

현대인이 돈과 맺는 관계는 매우 복잡하고 다면적이다. 단순히 돈을 버는 것을 넘어, 그것을 어떻게 관리하고 활용할 것인지에 대한 지혜가 필요한 시대가 되었다.

예를 들어, 연봉 1억을 버는 전문직 종사자가 있다고 가정해 보

자. 높은 소득에도 불구하고 과도한 부채와 무분별한 소비로 인해 늘 재정적 압박에 시달린다면, 이는 돈과 건강하지 못한 관계를 보여주는 전형적인 사례다. 반면 연봉 5천만 원의 직장인이 계획적인 자산 관리와 합리적 소비를 통해 안정적인 삶을 영위한다면, 이는 돈과의 건강한 관계를 잘 정립한 경우라 할 수 있다.

돈을 관리하는 방식은 개인의 가치관과 밀접하게 연결된다. 어떤 이는 모든 여유 자금을 부동산에 투자하여 자산 증식에 집중하고, 또 다른 이는 자녀 교육과 가족의 삶의 질 향상에 우선순위를 둔다. 중요한 것은 자신의 가치관에 맞는 돈의 사용 방식을 찾는 것이다.

최근에는 자산 증식을 넘어 사회적 가치를 고려한 돈의 활용이 주목받고 있다. ESG 투자나 사회적 기업에 대한 투자, 자선단체 기부 등을 통해 수익 창출과 사회 기여를 동시에 추구하는 것이다. 이는 돈이 개인의 이익을 넘어 공동체의 발전에 이바지할 도구가 될 수 있음을 보여준다.

돈과의 건강한 관계는 일상적인 소비 습관에서부터 시작된다. 불필요한 충동 구매를 줄이고, 계획적인 지출을 하며, 적절한 저축과 투자의 균형을 맞추는 것이 중요하다. 예를 들어, 월 소득의 50%는 생활비로, 30%는 저축과 투자로, 20%는 여가와 자기계발에 사용하는 등의 기준을 세우는 것도 좋은 방법이다.

현대 사회에서는 디지털 금융의 발달로 돈의 관리가 더욱 복잡해졌다. 신용카드, 모바일 결제, 투자 앱 등 다양한 금융 서비스가 등장하면서 자칫 통제력을 잃기 쉽다. 이러한 환경에서는 더욱 철저한 자기 관리와 절제가 필요하다.

자신의 재정 상태를 정확히 파악하고, 현명한 소비와 투자를 통해 장기적인 안정성을 추구하며, 동시에 사회적 책임도 고려하는 균형 잡힌 접근에서 돈과의 건강한 관계는 시작된다. 이는 개인의 행복과 사회의 발전을 동시에 이룰 수 있는 지혜로운 길이 되었다.

디지털 시대의 도래로 돈의 형태와 사용 방식도 빠르게 변화하고 있다. 현금 없는 사회로의 전환이 가속화되며, 가상화폐와 같은 새로운 형태의 화폐도 등장했다. 이러한 변화 속에서도 돈의 본질적 기능인 가치 교환과 저장의 역할은 여전히 유지되고 있다.

돈은 우리 삶의 중요한 도구이지만, 그 자체가 목적이 되어서는 안 된다. 돈을 통해 얻을 수 있는 자유와 안정, 그리고 선택의 기회를 현명하게 활용하여 더 나은 삶을 만들어가는 것이 중요하다. 물질적 풍요와 정신적 가치의 균형을 이루며, 진정한 의미의 행복을 추구하는 것이 현대를 살아가는 우리의 과제가 되었다.

돈의 역할은 앞으로도 계속 진화할 것이다. 기술의 발전과 사회의 변화에 따라 새로운 형태와 기능이 추가될 수 있다. 그러나 그 근본적인 목적은 변함없이 인간의 삶을 더 풍요롭고 행복하게 만드는 데 있다. 우리는 이러한 돈의 본질을 이해하고, 그것을 삶의 질을 높이는 도구로 현명하게 활용하는 지혜를 키워나가야 할 것이다.

3
돈의 속성
자유와 책임의 균형

 돈은 현대 사회에서 자유를 보장하는 핵심 수단이면서도 동시에 무거운 책임을 수반하는 양면성을 지닌다. 이러한 돈의 이중적 속성은 우리의 삶에 깊은 영향을 미치고 있다.

직업 선택의 자유

 돈은 직업 선택의 자유를 좌우하는 중요한 요소다. 이는 현실에서 쉽게 관찰할 수 있는 현상이다.

 금융권에서 10년간 일하며 상당한 자산을 모은 A(35세)는 늘 꿈꾸던 베이커리 카페를 창업했다. 비록 초기에는 은행원 시절보다 수입이 크게 줄었지만, 저축해둔 자금이 있었기에 새로운 도전을 할 수 있었다. A는 자신의 열정을 따라 경력을 전환했고, 3년의 시행착오 끝에 안정적인 수익을 내는 가게 주인이 되었다.

반면 대학 졸업 후 학자금 대출을 갚아야 했던 B(28세)는 본인의 전공인 미술과는 전혀 관계없는 영업직에 취업했다. 주말에도 그림을 그리며 작가의 꿈을 이어가고 싶었지만, 생계와 부채 상환을 위해 초과근무도 마다하지 않았다. 미술학원 강사로 전직하고 싶은 마음이 있었지만, 수입이 줄어들 것을 걱정해 시도조차 하지 못했다.

또 다른 예로, 부모로부터 상속받은 부동산이 있는 C(32세)는 수입이 적은 출판사 편집자로 일하면서도 안정적인 삶을 영위할 수 있었다. 임대 수입이 있었기에 낮은 연봉에도 불구하고 자신이 좋아하는 일을 계속할 수 있었다.

반면 가장으로서 가족의 생계를 책임져야 하는 D(45세)는 야간 대학원에서 교육학을 전공했음에도 임금이 더 높은 현재의 영업관리직을 떠나지 못했다. 교사가 되고 싶었지만, 두 자녀의 교육비와 대출금 상환 때문에 현실적인 선택을 할 수밖에 없었다.

이처럼 재정적 여유의 유무는 개인의 진로 선택과 자아실현의 기회에 결정적인 영향을 미친다. 돈은 단순한 생계 수단을 넘어 삶의 방향을 결정짓는 중요한 역할을 한다.

주거의 자유

주거의 자유는 현대 사회에서 삶의 질을 결정짓는 요소가 되었다. 특히 부동산 가격의 급격한 상승으로 인해 이러한 격차는 더욱 뚜렷해지고 있다.

IT 기업 임원인 A(45세)는 강남의 45평형 아파트를 현금으로 매입했다. 좋은 학군, 편리한 교통, 우수한 생활 인프라를 모두 갖춘 곳에서 두 자녀를 키우며 여유로운 삶을 영위하고 있다. 집 근처에는 대형 백화점과 공원이 있어 주말이면 가족과 함께 여가를 즐길 수 있다.

반면 신입 회사원 B(27세)는 월세 50만 원의 경기도에 있는 고시원에서 생활한다. 직장까지 출퇴근 시간이 편도 1시간 30분이 걸리지만, 서울 시내의 높은 월세를 감당할 수 없어 어쩔 수 없는 선택을 했다. 7평 남짓한 좁은 공간에서 생활하며 주방을 공동으로 사용해야 하는 불편을 감수하고 있다.

맞벌이 부부 C(32세)와 D(31세)는 합산 연봉이 1억이 넘지만, 서울의 20평형 아파트를 얻기 위해 부모님의 도움과 대출을 동원해야 했다. 이자 부담으로 인해 당분간 자녀 계획을 미뤄야 하는 상황이다.

지방의 한 대학을 졸업하고 서울로 취업한 E(31세)는 월급의 절반을 주거비로 지출한다. 반지하의 원룸에 살면서도 보증금 1천만 원에 월세 60만 원을 내야 한다. 저축은 거의 불가능한 상황이며, 집을 마련하는 것은 꿈도 꾸지 못한다.

이러한 주거 불평등은 삶의 질 전반에 영향을 미친다. 안정적인 주거 환경은 일과 휴식의 균형, 가족 관계, 미래 계획 등 다양한 측면에서 중요한 토대가 된다. 특히 2030세대의 경우, 높은 주거비용으로 인해 결혼과 출산을 미루거나 포기하는 현상까지 나타나고 있어 사회적 문제로 대두되고 있다.

교육의 자유

교육에서의 경제적 격차는 어린 시절부터 시작되어 인생 전반에 걸쳐 큰 영향을 미친다. 이는 학습 기회의 차이로 인해 미래의 사회적 지위와 소득까지 좌우하는 요인이 된다.

대기업 임원인 A의 자녀는 유치원 시절부터 영어유치원을 다녔다. 주 3회 원어민 과외, 주말 체험학습, 피아노와 미술 교습 등 다양한 교육 프로그램을 경험했다. 초등학교 진학 후에는 매년 방학 때마다 영어권 국가의 어학연수를 다녀왔고, 중학교 때는 1년간 미국 조기유학을 다녀오기도 했다. 학원비만 매달 300만 원이 넘지만, 부모의 재정적 지원 덕분에 폭넓은 교육 기회를 누릴 수 있었다.

반면 맞벌이 가정의 B 부부는 자녀 교육에 매달 60만 원 정도만 투자할 수 있다. 학교 방과후 수업과 동네 학원 한두 곳을 선택해야 하는 상황이다. 영어학원을 보내고 싶어도 비용 부담 때문에 망설여지고, 체험학습이나 방학 캠프 같은 프로그램은 엄두도 내지 못한다.

자영업자 C의 경우, 코로나19로 인한 매출 감소로 자녀의 학원비를 줄여야 했다. 중학교 2학년인 딸은 수학과 영어학원을 모두 그만두고 인터넷 강의로 대체해야 했다. 성적이 떨어질까 걱정이지만, 당장 가게 운영이 더 시급한 상황이다.

비정규직으로 일하는 D는 고등학생 자녀의 교육비 마련이 가장 큰 고민이다. 수시로 바뀌는 입시 제도에 맞춰 자녀를 지원하고 싶지만, 비싼 입시학원은 엄두도 내지 못한다. 대학 등록금과 학자금 대출을 생각하면 밤잠을 설칠 때가 많다.

이러한 교육 격차는 대학 진학 이후에도 이어진다. 경제적 여유가 있는 가정의 자녀들은 어학연수, 교환학생, 해외 인턴십 등 다양한 경험을 쌓을 수 있다. 취업 준비 과정에서도 고가의 자격증 취득이나 어학 프로그램 참여가 가능하다.

금융권에서 일하는 E의 자녀는 대학 재학 중 1년간 미국 교환학생 프로그램에 참여했다. 학기당 2천만 원이 넘는 비용이 들었지만, 글로벌 경험을 쌓을 수 있는 소중한 기회였다. 귀국 후에는 외국계 기업 인턴십을 거쳐 좋은 조건으로 취업할 수 있었다.

반면 학자금 대출로 대학을 다니는 F는 아르바이트하느라 정작 전공 공부에 집중하기 어렵다. 방학 때도 생활비를 벌어야 해서 인턴십이나 어학연수는 꿈도 꾸지 못한다. 취업 준비를 위한 자격증 취득도 비용 때문에 미루고 있는 실정이다.

이처럼 교육에서의 경제적 격차는 누적되어 작용하여 세대 간 부의 대물림으로 이어지는 경향이 있다. 이는 사회 이동성을 저해하고 불평등을 심화시키는 주요 요인이 되었다.

자유에 뒤따르는 책임

돈에 따르는 자유는 반드시 책임이 뒤따르며, 이를 제대로 인식하지 못할 경우 심각한 결과를 초래할 수 있다. 실제 사례들을 통해 이러한 현상을 자세히 살펴볼 수 있다.

40대 후반의 A는 30억 원대 로또 당첨의 주인공이 되었다. 평생 월급쟁이로 살아온 그는 갑작스러운 거금을 손에 쥐게 되자 이성적 판단력을 잃었다. 고급 외제 차를 구입하고 강남의 아파트를 계약했다. 주변 지인들의 사업 제안에 수억 원씩 투자했고, 호화로운 생활을 즐기느라 돈을 아낌없이 썼다. 그러나 2년 만에 투자금은 사기로 날리고, 무분별한 지출로 남은 재산마저 바닥났다. 결국, 아파트 중도금을 내지 못해 계약금까지 날리고 빚더미에 앉게 되었다.

부모로부터 20억 원대의 상속을 받은 B(35세)의 경우도 마찬가지다. 평소 돈 관리 경험이 전혀 없던 그는 갑자기 생긴 거액을 어떻게 관리해야 할지 몰랐다. 주식 투자에 뛰어들었다가 무리한 레버리지 투자(빌린 자금이나 파생상품을 활용하여 투자 수익을 극대화하는 전략)로 큰 손실을 봤고, 친구들과 사업을 시작했다가 경영 경험 부족으로 실패했다. 결국, 5년 만에 상속받은 재산 대부분을 잃고 말았다.

C(52세)는 아버지가 운영하던 중소기업을 물려받았다. 하지만 경영 수업도 제대로 받지 않은 채 회사를 이어받다 보니, 자금 관리에 실패했다. 무리한 사업 확장과 방만한 경영으로 인해 창업 30년 된 회사를 3년 만에 부도내고 말았다. 직원들의 밀린 임금까지 책임져야 하는 상황에서 개인 파산을 신청할 수밖에 없었다.

재벌가 상속녀였던 D는 수백억 원대의 유산을 물려받았으나, 호화로운 생활과 무분별한 사업 투자로 10년 만에 전 재산을 탕진했다. 현재는 채무를 갚기 위해 일용직 노동자로 일하고 있다.

이러한 사례들은 돈의 관리에는 그만큼의 책임감과 전문성이 필요함을 보여준다. 특히 갑작스러운 거금을 얻은 경우, 체계적인 재무 계획과 전문가의 조언이 반드시 필요하다. 돈을 벌거나 얻는 것보다 더 중요한 것은 그것을 지키고 관리하는 능력이란 점을 이해해야 한다.

실제로 로또 당첨자의 70% 이상이 5년 이내에 재정적 어려움을 겪는다는 통계가 있다. 이는 돈에 따르는 책임을 제대로 인식하지 못한 결과다. 갑작스러운 부는 종종 더 큰 불행의 시작이 되기도 한다는 점을 기억할 필요가 있다.

투자의 자유

투자 자금의 규모는 투자 방식과 위험 관리에 큰 영향을 미친다. 최근의 금융 시장 변동은 이러한 현상을 뚜렷하게 보여주는 사례들을 만들어 냈다.

자산 50억 원을 보유한 A(48세)는 주식 30%, 채권 30%, 부동산 30%, 현금성 자산 10%로 자산을 분산 운용했다. 2022년 주식시장이 급락했을 때도 채권과 부동산이 버팀목이 되어 전체 자산의 하락 폭을 20% 이내로 방어할 수 있었다. 충분한 현금을 보유하고 있었기에 급락장에서 추가 매수도 가능했다.

반면 전 재산 2억 원을 가상화폐에 투자한 B(35세)는 2022년 시장 붕괴로 90% 이상의 손실을 보았다. 분산 투자의 여력이 없었던 그는 '올인' 투자로 인생 자금을 대부분 잃고 말았다.

정반대로 C(52세)는 100억 원 규모의 자산을 운용하면서도 부동산을 구입할 때 대출 없이 현금 매수만을 고집했다. 수익률은 다소 낮더라도 안정성을 우선시한 덕분에 금리 상승기에도 안정적인 임대 수익을 유지할 수 있었다.

주식 투자자 D(42세)는 투자금 10억 원을 20개 이상의 종목에 분산 투자했다. IT, 바이오, 소비재 등 업종 다각화를 통해 위험을 관리했고, 정기적인 재조정으로 포트폴리오를 조정했다. 개별 종목의 비중을 10% 이내로 제한한 덕분에 일부 종목이 폭락해도 전체 자산에 미치는 영향은 제한적이었다.

그러나 투자금 5천만 원으로 시작한 E(38세)는 소액이다 보니 2~3개 종목에만 투자할 수밖에 없었다. 특정 업종에 편중된 투자는 결국 높은 변동성으로 이어졌고, 시장 하락기에 큰 손실을 피할 수 없었다.

코인 투자로 큰돈을 번 F(45세)는 수익의 절반을 즉시 현금화하여 안전자산에 투자했다. 남은 금액으로는 계속 코인 투자를 하되, 전체 자산의 30% 이내로 비중을 제한했다. 이러한 위험 관리 덕분에 2022년 시장 붕괴 때도 전체 자산을 지킬 수 있었다.

이처럼 투자 자금의 규모는 분산 투자와 위험 관리의 가능성을 결정짓는 중요한 요소다. 더 큰 자금은 더 많은 투자 기회를 제공하지만, 동시에 더 철저한 위험 관리와 전문성이 요구된다. 투자의 자유에는 반드시 그에 상응하는 책임이 따른다는 점을 잊지 말아야 할 것이다.

시간의 자유

경제적 여건에 따른 시간 활용의 차이는 일상생활 곳곳에서 뚜렷하게 나타난다.

자산가인 A(45세)는 임대 수입만으로도 생활할 수 있어 주 3일만 일한다. 평일 오전에는 테니스를 치고, 오후에는 취미로 그림을 그린다. 자녀들과 함께하는 시간도 충분히 가질 수 있다. 휴가도 원할 때 자유롭게 떠날 수 있어 매년 한 달 정도 해외여행을 다녀온다.

반면 생계형 택시기사 B(52세)는 매일 12시간씩 운전대를 잡아야 한다. 새벽 4시에 일어나 밤늦게 귀가하는 생활이 반복되다 보니 가족들과 대화할 시간조차 부족하다. 주말에도 쉬지 못하고 일해야 해서 자녀들의 운동회나 참관수업에 한 번도 참석하지 못했다.

IT 스타트업 대표인 C(45세)는 회사가 안정화된 후 자신만의 시간을 가질 수 있게 되었다. 유능한 직원들에게 실무를 맡기고, 주 2회는 재택근무를 한다. 평소 관심 있던 MBA 과정도 시작했고, 주말에는 가족들과 캠핑하러 다니며 여유로운 삶을 즐긴다.

그러나 배달 라이더로 일하는 D(29세)는 하루 15시간씩 배달을 해야 한다. 생활비를 벌기 위해 비가 오나 눈이 오나 쉴 틈 없이 일해야 하는 상황이다. 자기계발은 꿈도 꿀 수 없고, 친구들과 만날 시간조차 없다. 과로로 인한 건강 악화도 걱정되지만, 당장 생활비를 벌어야 하기에 무리할 수밖에 없다.

중소기업에 다니는 E(33세)는 야근이 잦아 저녁 시간을 자유롭게 쓸 수 없다. 퇴근 후 영어학원에 다니고 싶어도 불규칙한 업무 시간 때문에 포기했다. 주말에도 종종 회사에 나가야 해서 취미생활을 하거나 데이트를 하기도 어렵다.

반면 프리랜서 웹디자이너 F(35세)는 충분한 저축이 있어 무리하게 일감을 받지 않는다. 한 달에 2주 정도만 일하고 나머지는 자기계발과 여가활동에 투자한다. 최근에는 호주에서 6개월간 워케이션을 하며 일과 휴식의 균형을 맞추고 있다.

이처럼 경제적 자유도에 따른 시간 활용의 차이는 삶의 전반적인 만족도에 큰 영향을 미친다.

가족에 대한 책임

가정을 이루고 가족을 부양하는 가장의 책임은 실로 막중하다. 단순히 돈을 버는 것을 넘어 가족의 미래를 설계하고 준비해야 하기 때문이다. 자녀 교육비와 생활비가 나날이 증가하는 반면, 고용 안정성은 갈수록 점차 떨어지고 있어 재무관리의 중요성이 더욱 커지고 있다.

가장은 매달 들어오는 수입을 효율적으로 배분하여 현재의 생활은 물론 미래를 대비해야 한다. 자녀들의 교육비와 결혼 자금, 부모님의 요양비, 본인의 노후 자금 등 장기적인 재무계획이 필수적이다.

요즘처럼 불확실성이 큰 시대에는 안정적인 현금 흐름 확보가 중요하다. 예기치 못한 실직이나 질병과 같은 위험에 대비해 비상금을 마련해두어야 하며, 보험과 같은 위험 관리 수단도 적절히 활용해야 한다. 동시에 인플레이션으로 인한 자산 가치 하락을 방지하기 위해 분산 투자도 고려해야 한다.

하지만 많은 가장이 당장 생활비 압박에 장기 재무계획을 세우지 못하고 있다. 특히 자녀 교육비 부담이 큰 30~40대의 경우 노후준비를 미루는 경우가 많다. 이는 미래에 큰 부담으로 돌아올 수 있다. 은퇴 후의 삶이 점차 길어지는 현실을 고려할 때, 은퇴 준비는 결코 미룰 수 없는 과제다.

가장은 수입과 지출을 꼼꼼히 관리하며 장기적인 재무계획을 세워야 한다. 불필요한 지출은 줄이고 저축과 투자를 늘리되, 무리한 투자로 가족의 생활이 흔들리지 않도록 해야 한다. 가족 구성원들과 재무 상황을 공유하고 함께 계획을 세우는 것이 바람직하다.

가장의 재무관리는 가족의 행복과 직결된다. 돈이 전부는 아니지만, 안정적인 재무 상태가 뒷받침되어야 가족이 건강하고 행복한 삶을 영위할 수 있다. 가장은 현명한 재무 관리자로서 가족의 현재와 미래를 설계하고 준비하는 책임을 다해야 한다.

사회적 책임

부의 축적과 사회적 책임은 동전의 양면과도 같다. 개인이나 기업이 사회 구성원으로서 얻은 부는 그 사회와 함께 성장한 결과물이기에, 이를 사회에 환원하는 것은 당연한 책무라 할 수 있다.

워런 버핏은 자신의 재산 대부분을 자선재단에 기부하기로 했다. 그는 "내가 가진 것의 99%를 사회에 환원하겠다"라고 선언하며, 부자들의 사회적 책임에 대한 새로운 이정표를 제시했다. 빌 게이츠 역시 '빌&멜린다 게이츠 재단'을 통해 전 세계의 보건, 교육, 빈곤 퇴치를 위해 노력하고 있다.

우리나라에서도 사회 환원에 앞장서는 기업인들이 늘어나고 있다. 아너 소사이어티 회원들은 자신의 재산 중 상당액을 사회에 기부하며, 나눔의 문화를 확산시키고 있다. 이는 기업의 사회적 책임을 강화하고, 더 나은 공동체 형성에 기여하고 있다.

돈은 사랑이라는 관점에서 보면, 사회 환원은 그 사랑을 더 많은 사람과 나누는 행위다. 돈은 물질적 가치와 함께 사회적 가치를 창출하는 도구가 될 수 있으며, 부자들의 기부는 사회적 불평등을 완화하고, 더 나은 사회를 만드는데 기여할 수 있다.

사회적 책임은 거액의 기부만을 의미하지 않는다. 중소기업가나 자영업자들도 일자리 창출, 정직한 납세, 지역 사회 공헌 등을 통해 사회적 책임을 다할 수 있다. 이러한 작은 선행이 모여 큰 변화를 만들어 낼 수 있다.

더불어 기업의 사회적 책임도 중요하다. 기업들은 이윤 추구와 더불어 환경 보호, 노동자 권익 보호, 윤리경영 등 다양한 측면에서 책임을 다해야 한다. 이는 장기적으로 기업의 지속적인 성장에도 도움이 된다.

개인과 기업이 축적한 부를 적절히 사회에 환원함으로써, 우리 사회는 더욱 건강하고 계속해서 발전해 나갈 수 있다. 이는 도덕적 의무를 넘어, 우리 사회의 미래를 위한 현명한 투자라고 할 수 있다.

건강 관리에 필요한 돈

건강 관리의 측면에서도 돈은 자유와 책임의 양면성을 보여준다. 경제적 여유가 있으면 더 나은 의료 서비스를 받을 수 있고 예방적 건강 관리도 가능하다.

그러나 경제적 어려움을 겪는 사람들은 필요한 의료 서비스를 제때 받기 어려워 질병이 악화될 위험이 크다. 또한 예방적 관리를 제때 할 수 없어 작은 건강 문제가 큰 문제로 발전할 가능성도 높아진다.

건강 관리를 위한 충분한 재정적 여유는 단순히 의료 서비스를 받는 것을 넘어, 개인의 삶의 전반적인 안정과 행복을 보장하는 데 필수적이다. 이는 사회적 차원에서도 건강 격차를 줄이고, 모두가 기본적인 건강 권리를 누릴 수 있도록 지원하는 정책이 필요함을 시사한다.

4
돈의 욕망과 그 이면

현대 사회에서 돈에 대한 욕망은 그 어느 때보다 강렬하게 나타난다. 더 많은 부를 추구하고, 더 높은 사회적 지위를 얻기 위해 사람들은 끊임없이 경쟁하고 있다. 그러나 이러한 물질적 욕망의 이면에는 우리가 주목해야 할 여러 가지 사회적, 심리적 현상이 존재한다.

돈에 대한 과도한 욕망은 현대인의 정체성과 자존감에 큰 영향을 미친다. 30대 직장인 A는 고급 외제 차를 할부로 구매하고 명품 시계를 신용카드로 결제하며 겉으로 보이는 성공을 추구했다. 그러나 감당하기 어려운 대출금과 카드빚으로 인해 심각한 스트레스에 시달리게 되었다. 이는 외적인 부의 과시가 진정한 행복과 반드시 일치하지 않음을 보여주는 전형적인 사례다.

돈에 대한 욕망은 종종 인간관계를 왜곡시키기도 한다. 2008년 금융위기 당시 많은 사람이 투자 실패로 인해 가족과 친구 관계가 파괴되는 경험을 했다. 부동산이나 주식 투자에 대한 지나친 욕심은 결국 소중한 인간관계마저 해치는 결과를 낳았다. 이는 돈이 우리 삶에서 중요하지만, 그것이 전부가 되어서는 안 된다는 교훈을 준다.

SNS의 발달로 인해 타인의 화려한 생활이 실시간으로 공유되면서 상대적 박탈감과 비교 의식은 더욱 심해지고 있다. 20대 청년들 사이에서는 '영끌(영혼까지 끌어모아 투자하기)'이나 '빚투(빚내서 투자하기)' 같은 위험한 재테크가 유행하기도 했다. 이는 단기간에 큰돈을 벌고자 하는 욕망이 이성적 판단을 흐리게 만든 예다.

그러나 돈에 대한 욕망이 반드시 부정적인 것만은 아니다. 적절한 수준의 물질적 욕구는 개인의 성장과 발전을 이끄는 원동력이 될 수 있다. 예를 들어, 자녀 교육을 위해 열심히 일하고 저축하는 부모의 모습은 건전한 경제적 욕구의 표현이라 할 수 있다.

문제는 이러한 욕망이 지나치게 되면 삶의 균형이 무너진다는 점이다. 40대 회사원 B는 승진과 돈을 위해 주말도 없이 일했지만, 결국 건강을 잃고 가족과의 관계도 소원해졌다. 돈이 수단이 아닌 목적이 되어버린 순간, 진정한 행복은 멀어지게 된다.

돈에 대한 욕망의 또 다른 특징은 '빠른 성공'에 대한 갈망이다. TV나 유튜브에서는 수많은 '성공 신화'가 소개되고, 이는 젊은이들에게 비현실적인 기대를 심어준다. 실제로 2030세대 사이에서는 정상적인 근로소득보다 부동산이나 주식 투자를 통한 시세 차익을 더 선호하는 경향이 강하게 나타난다.

이러한 현상의 이면에는 불안정한 고용환경과 치솟는 물가, 높은 주거비용 등 구조적인 문제가 자리 잡고 있다. 열심히 일하는 것만으로는 경제적 안정을 이루기 어렵다는 인식이 확산되면서, 많은 이들이 투기적 행위에 뛰어들게 된 것이다.

돈에 대한 욕망은 세대 간 갈등의 원인이 되기도 한다. '부동산 부자' 기성세대와 '지갑이 가벼운' 젊은 세대 사이의 경제적 격차는 점점 더 벌어지고 있다. 이는 단순한 세대 갈등을 넘어 사회 통합을 저해하는 심각한 문제가 되고 있다.

과도한 물질적 욕망은 환경 파괴와 자원 고갈 같은 지구적 차원의 문제도 야기한다. 끊임없는 소비와 생산의 악순환은 지구의 지속 가능성을 위협하고 있다. 최근 일어나고 있는 '미니멀 라이프'나 '착한 소비' 운동은 이러한 문제의식에서 비롯되었다.

돈에 대한 욕망을 다스리는 방법으로는 우선 자신의 진정한 필요와 욕구를 구분하는 것이 중요하다. 공무원인 C는 매달 수입과 지출을 꼼꼼히 기록하며 '진짜 필요한 것'이 무엇인지 고민한다. 이를 통해 불필요한 소비를 줄이고, 저축과 투자에 더 많은 여력을 확보할 수 있게 되었다.

돈의 가치를 재정의하는 것도 필요하다. 돈은 분명 중요하지만, 그것은 더 나은 삶을 위한 수단일 뿐이다. 건강, 가족 관계, 자아실현 등 돈으로 살 수 없는 가치들의 소중함을 인식하는 것이 중요하다.

특히 젊은 세대들에게는 올바른 재무교육이 필요하다. 단기적인 수익보다는 장기적인 안목에서의 자산 관리, 위험과 수익의 균형, 다양한 투자 수단의 이해 등을 배울 필요가 있다. 이는 무분별한 투기를 막고 건전한 재테크 문화를 형성하는 데 도움이 된다.

돈에 대한 욕망은 인간의 자연스러운 감정이지만, 그것을 어떻게 다스리고 활용하느냐가 더 중요하다. 물질적 풍요만을 좇다가 정작 중요한 것들을 잃어버리는 우를 범하지 않도록 주의해야 한다. 진정한 부자는 돈을 가진 사람이 아니라, 돈과의 건강한 관계를 맺고 균형 잡힌 삶을 사는 사람이라는 점을 기억할 필요가 있다.

건전한 욕망은 발전의 원동력이 되지만, 지나친 욕망은 파멸의 씨앗이 된다. 현대를 살아가는 우리에게 필요한 것은 돈에 대한 욕망을 완전히 부정하는 것이 아니라, 그것을 지혜롭게 다스리고 활용하는 균형 잡힌 태도다.

제3장

현대 사회에서의 돈

1. 돈이란 무엇인가?
2. 돈의 7가지 핵심 기능
3. 돈의 역할과 미래
4. 현대 사회에서 돈의 영향력

1
돈이란 무엇인가?

돈이란 무엇인가? 이 질문에 관해 경제학 교과서는 '교환의 매개체'라는 딱딱한 정의를 내리지만, 돈의 본질은 그보다 훨씬 더 깊고 복잡하다. 앞에서 언급했듯 "돈은 사랑이다"라는 관점에서 보면, 돈은 단순한 교환 수단을 넘어 우리 삶의 필수 불가결한 동반자이자 사랑을 표현하는 수단이다.

돈이 사랑이라는 정의는 처음 들으면 의아할 수 있다. 그러나 우리의 일상을 들여다보면 이 정의가 결코 과장이 아님을 알 수 있다. 마치 사랑 없이 인간이 살아갈 수 없듯이, 현대 사회에서 돈 없이는 정상적인 삶을 영위하기 어렵다. 지하철이나 버스를 타는 것부터 식사하는 것까지 돈은 우리 삶의 모든 순간에 함께한다.

가족 관계에서 돈의 중요성은 더욱 두드러진다. 부모와 자식 간의 사랑이 없다면 누가 아프거나 다쳐도 돌보지 않게 되듯, 돈이 없다면 가족의 기본적인 생활조차 보장할 수 없다.

  돈의 역사를 살펴보면 그 본질을 더 잘 이해할 수 있다. 원시 시대에는 수렵과 어로, 채집으로 삶을 영위했다. 이후 정착 생활이 시작되면서 농사와 목축이 시작되었고, 물물교환이 이루어졌다. 그러다 물물교환의 불편함을 해소하기 위해 화폐가 탄생했다. 이처럼 돈은 인류의 필요에 의해 만들어진 문명의 산물이다.

  현대 사회에서 돈은 더욱 다양한 모습으로 우리 곁에 있다. 현금부터 신용카드, 각종 페이 등 그 형태도 다양해졌다. 우리는 이러한 다양한 형태의 돈을 통해 서비스에 대한 대가를 지불하고, 사랑하는 사람들과의 관계도 유지한다.

  그러나 이런 사랑스러운 돈을 우리는 어린 시절부터 제대로 배워 온 사람이 과연 얼마나 될까? 돈은 우리에게 사랑을 주어야만 하는데 때로는 증오와 슬픔, 아픔, 고통을 주기도 한다. 이는 마치 사랑이 때로는 상처가 되는 것과 같은 이치다.

  돈의 본질을 이해하기 위해서는 어린 시절부터의 올바른 교육이 필요하다. 근검절약의 습관이 몸에 배게 하고, 돈을 함부로 다루지 않도록 하는 것이 중요하다. 『돈의 속성』의 저자 김승호 회장이 말했듯이 "돈도 인격체"라는 생각으로, 돈을 소중히 하며, 지출할 때도 그 정당성을 숙고해야 한다.

현대 사회에서는 돈에 대한 올바른 이해가 더욱 중요해졌다. 재테크니 투자 열풍이니 하는 수많은 정보가 넘쳐나지만, 정작 돈의 본질에 대한 이해는 부족한 실정이다. 많은 사람이 다람쥐 쳇바퀴 돌듯 월급을 받고 쓰기를 반복하며, 진정한 의미의 돈 관리를 하지 못하고 있다.

돈의 본질을 이해하지 못한 채 무작정 투자에 뛰어드는 것은 위험하다. 과거 '동네계'가 파산하는 경우처럼, 돈에 대한 올바른 이해 없이 높은 수익만을 좇다가는 큰 손실을 볼 수 있다. 이는 단순히 금전적 손실에 그치지 않고 가정의 파탄으로까지 이어질 수 있다.

돈은 또한 늘 세심한 관리가 필요하다. 마치 사랑하는 사람과의 관계를 잘 관리해야 하듯이, 돈도 잘 관리하고 베풀고 유용하게 사용해야 한다. 그래야만 우리의 삶이 더욱 윤택해지고 행복해질 수 있다.

현대 사회에서 돈의 의미는 더욱 복잡해졌다. 사회적 지위와 권력을 상징하기도 하고, 때로는 행복의 척도로 여겨지기도 한다. 그러나 돈의 본질은 여전히 '사랑'에 가깝다. 올바르게 사용하면 행복을 가져다주지만, 잘못 다루면 큰 상처가 될 수 있는 것이다.

디지털 시대가 되면서 돈의 형태는 더욱 다양해지고 있다. 가상화폐부터 다양한 금융상품까지, 돈은 계속해서 새로운 모습으로 진화하고 있다. 그러나 이러한 변화 속에서도 돈의 본질적인 기능과 의미는 변하지 않는다. 그것은 바로 우리의 삶을 더 풍요롭게 만들고, 사람과 사람 사이의 관계를 이어주는 것이다.

돈이란 우리 삶에서 사랑만큼이나 중요한 존재이며, 우리의 삶을 지탱하고 관계를 이어주는 필수 불가결한 요소다. 돈을 단순한 물질로 여기지 말고, 그것의 진정한 가치와 의미를 이해하며 현명하게 다루어야 하는 까닭이 여기에 있다.

2
돈의 7가지 핵심 기능

우리가 살아가는 데 중요한 역할을 하는 돈의 기능은 다음과 같이 크게 7가지로 나눌 수 있다.

첫째, 돈은 우리가 들인 노력과 시간의 가치를 저장하는 수단이다. 매달 받는 월급을 예금 통장에 넣어두거나, 주식이나 부동산과 같은 자산에 투자하는 것은 우리의 노동의 대가를 미래를 위해 보관하는 행위다.

돈의 가치 저장 기능을 효과적으로 활용하기 위해서는 '칸막이'가 필수적이다. 예를 들어 급여 통장, 생활비 통장, 비상금 통장 등으로 구분하여 관리하는 것이다. 이렇게 하면 돈이 불필요하게 새어나가는 것을 방지할 수 있다. 마치 귀중품을 안전금고에 보관하듯, 각각의 용도에 맞는 적절한 저장 수단을 선택하는 것이 중요하다.

안전하지 않은 저장 수단을 선택하면 평생 모은 재산이 한순간에 증발할 수 있다. 따라서 은행의 예금, 국가가 보증하는 채권 등 안전한 저장 수단을 선택하는 것이 필수적이다.

현대 사회에서는 인플레이션으로 인해 단순히 돈을 보관하는 것만으로는 가치가 보존되지 않는다. 따라서 적절한 투자를 통해 돈의 가치를 지키고 늘리는 노력도 필요하다. 그러나 무리한 투자는 피해야 한다.

2006년은 미국에서 주택 시장 거품(Housing Bubble)이 절정에 달했던 시기였고, 많은 사람이 과도한 대출을 받아 집을 구입했다. 당시 금융기관들은 서브프라임 모기지(Subprime Mortgage)라는 위험한 대출 상품을 적극적으로 제공했는데, 신용등급이 낮은 사람들도 쉽게 대출을 받을 수 있었다.

이러한 대출은 초기에는 낮은 이자율을 제공했지만, 시간이 지나면 급격히 이자율이 상승하는 구조였다. 많은 대출자가 이를 감당하지 못했고, 2007년부터 대출 연체와 주택 압류가 급증했으며 결국 2008년 글로벌 금융위기의 핵심 원인이 되었다.

둘째, 돈은 교환의 매개체다. 원시 시대에는 수렵과 어로, 채집으로 삶을 영위했고, 이후 정착 생활이 시작되면서 물물교환이 이루어졌다. 하지만 물물교환은 서로가 원하는 물건을 정확히 맞추기 어렵다는 태생적 한계를 지니고 있었다.

예를 들어, 쌀을 가진 농부가 생선을 원할 때 생선을 가진 어부가 마침 쌀을 원하지 않는다면 거래는 성사될 수 없었다. 또한 쌀과 생선의 교환 비율을 정하는 것도 매우 복잡한 일이었다. 이러한 불편함을 해소하기 위해 등장한 것이 바로 화폐, 즉 돈이다.

현대 사회에서 돈의 교환 기능은 더욱 진화했다. 현금부터 신용카드, 각종 페이, 계좌이체 등 그 형태가 다양해졌다. 예전에는 현금을 들고 다녀야 했지만, 이제는 스마트폰 하나로 전 세계 어디서든 물건을 사고팔 수 있다.

멀리서 친구가 찾아왔을 때 "오늘은 내가 살게"라고 하는 것처럼, 돈은 단순한 교환 수단을 넘어 마음을 전달하는 매개체가 되기도 한다. 이처럼 돈은 물질적 가치뿐만 아니라 정서적 가치도 교환할 수 있게 해준다.

셋째, 돈은 우리 사회에서 가치를 측정하는 가장 보편적인 척도다. 모든 상품과 서비스, 심지어 노동의 가치까지도 돈이라는 하나의 언어로 환산되고 비교될 수 있다.

어린 시절 학교생활을 떠올려보자. 학용품, 교통비, 식비 등 모든 것들의 가치가 돈으로 표현되었다. 3,000원짜리 필통과 3만 원짜리 필통의 차이를 쉽게 이해할 수 있었고, 이를 통해 물건의 가치를 직관적으로 비교할 수 있었다.

직장생활에서도 돈은 중요한 가치 척도가 된다. 취업하여 첫 월급을 받아 든 순간, 첫 데이트나 애인을 만나는 것처럼 기쁘고 설렜던 순간을 누구나 경험해 보았을 것이다. 우리는 노동의 가치를 월급이라는 형태로 환산한다. 연봉 3,000만 원과 5,000만 원의 차이는 단순히 숫자의 차이가 아니라, 그만큼의 노동 가치의 차이를 의미한다.

심지어 우리의 일상적인 선택에서도 돈은 중요한 가치 판단의 기준이 된다. 5,000원짜리 커피와 3,000원짜리 커피 중 어떤 것을 선택할지, 10만 원짜리 옷과 30만 원짜리 옷 중 어떤 것을 구매할지 등, 우리는 끊임없이 돈이라는 척도를 통해 가치를 판단하고 선택한다.

넷째, 돈은 우리의 미래를 설계하고 준비하는 핵심 도구다. 워런 버핏의 '스노우볼(Snowball) 이론'처럼, 작은 돌멩이를 굴리면 눈덩이가 점점 커지듯 돈도 올바르게 관리하고 투자하면 시간이 지날수록 크게 불어날 수 있다.

워런 버핏은 11살 때 첫 주식을 구매했고, 17살 무렵에는 중고 핀볼 기계를 이발소에 설치해 수익을 창출했다. 이러한 경험들은 그의 사업가적 안목을 형성하는 데 중요한 영향을 미쳤다.

G의 사례도 주목할 만하다. 2022년 10월 이전에 꼬마빌딩 투자 열풍이 불었을 때, 많은 사람이 무리한 대출로 투자에 뛰어들었다. 하지만 그는 큰 수익을 올린다는 주변 사람들의 이야기에 흔들리지 않고, 자신의 재정 상태와 시장 상황을 꼼꼼히 분석했다. 이를 통해 무리한 대출을 피하고, 안정적인 투자 전략을 선택했다. 시장이 하락세로 돌아섰을 때, 그는 큰 손실 없이 안전하게 위기를 넘길 수 있었다.

미래 준비에는 연령대별로 적절한 전략이 필요하다. 30대에는 자신의 길을 찾고, 40대에는 안정적인 자산을 형성하며, 50대에는 노후를 준비하는 등 각 시기에 맞는 준비가 필요하다. 이는 처음에는 천천히 시작하더라도 점차 속도를 내며 규모를 키우는 과정과 같다.

다섯째, 돈은 사회적 관계를 매개하는 수단이다. 우리는 돈을 통해 타인에 대한 관심과 배려를 표현할 수 있다. 오랜만에 만난 친구에게 "오늘은 내가 점심을 살게" 또는 "저녁을 살게"라고 하는 것은 단순한 식사 대접을 넘어 마음을 전하는 행위다.

그러나 H의 사례는 돈이 관계를 해칠 수도 있음을 보여준다. 선배 L이 사업 투자를 명목으로 5천만 원을 빌려달라고 했을 때, 그는 이를 정중히 거절했다. 후에 L이 여러 사람에게 돈을 빌리고 다녔다는 사실이 밝혀졌는데, 이는 돈으로 인해 인간관계가 어떻게 훼손될 수 있는지를 보여주는 대표적인 예시다.

우리나라처럼 '정(情)' 문화가 강한 사회에서는 돈과 관련된 문제가 더욱 조심스럽다. 친구나 동료에게 돈을 빌려주고 받지 못하는 경우가 빈번하게 발생한다. 아무리 성현군자라도 돈을 빌려주고 받지 못하면 그 관계가 금이 가기 마련이다.

반면 돈을 통한 긍정적인 관계 형성도 가능하다. 자녀들에게 용돈을 주고 관리하는 법을 가르치는 과정에서 부모와 자녀 간의 신뢰가 쌓일 수 있다. 직장에서 동료들과 함께하는 회식도 업무의 연장 선상에서 중요한 관계 형성의 기회가 된다.

돈은 양날의 검과 같다. 제대로 사용하면 관계를 돈독하게 만들 수 있지만, 잘못 다루면 관계를 파괴할 수 있다. 따라서 돈을 매개로 한 관계에서는 항상 신중함과 균형감이 필요하다. 사랑이 일방적이어서는 안 되듯, 돈으로 맺어진 관계도 상호 존중과 신뢰를 바탕으로 해야 한다.

여섯째, 돈은 우리의 꿈과 목표를 실현하는 중요한 도구다. 어린 시절부터 형성된 돈에 대한 태도와 관리 습관은 우리의 자아실현 가능성을 좌우한다.

한때 잘 나가던 연예인이나 운동선수들이 돈 관리에 실패하여 몰락하는 경우가 많은데, 이는 단순히 돈을 버는 것보다 관리하는 것이 더 중요함을 시사한다. 오로지 연기나 운동에만 집중하고 돈 관리를 소홀히 한 결과, 여러 번의 사업 실패와 사기를 당하는 경우가 많다.

오프라 윈프리는 가난한 환경에서 자랐지만, 돈을 대하는 태도와 전략적인 관리로 세계적인 부를 이룬 대표적인 인물이다. 그녀는 높은 수익을 올리는 것에 그치지 않고, 이를 효과적으로 관리하고 투자하며 장기적인 부를 쌓아왔다. 오프라는 돈을 쉽게 낭비하지 않았다. 많은 스타들이 갑작스러운 부를 얻고도 재정 관리 실패로 어려움을 겪는 반면, 그녀는 신중한 투자와 절제된 소비 습관으로 경제적 자유를 지켜왔다.

오프라 윈프리의 사례는 단순히 돈을 많이 버는 것만으로는 부를 유지할 수 없음을 보여준다. 돈을 대하는 태도와 관리 방식이 곧 개인의 경제적 미래를 결정하는 것이다.

"세 살 버릇 여든까지 간다"라는 말처럼, 어린 시절부터 올바른 돈 관리 습관을 형성하고, 이를 통해 진정한 자아실현의 기회를 만들어가는 것이 중요하다.

일곱째, 돈이 가진 가장 실용적인 기능 중 하나는 바로 안전망의 역할이다. 1997년 말 IMF 외환위기의 사례는 안전망으로서의 돈의 중요성을 잘 보여준다. 당시 많은 직장인이 갑작스러운 실직으로 인해 어려움을 겪었다. 평생직장이라 여기던 곳에서 하루아침에 쫓겨나다시피 한 사람들 중 적절한 저축이나 투자로 안전망을 마련해두지 않은 이들은 극심한 생활고를 겪어야 했다.

2004년의 카드 대란, 2008년의 금융위기, 그리고 최근의 코로나19 사태까지 예기치 못한 위기는 계속해서 찾아왔다. 이러한 위기 상황에서 생존할 수 있었던 사람들은 대부분 평소에 돈을 차곡차곡 모아온 이들이었다.

돈은 관리가 어렵다. 특히 40대, 50대, 60대의 투자 실패는 본인뿐만 아니라 가족 전체를 나락으로 떨어뜨릴 수 있다. 따라서 연령대별로 적절한 안전망을 구축하는 것이 중요하다. 30대에는 기본 자산을 형성하고, 40대에는 안정적인 수입원을 확보하며, 50대에는 은퇴를 대비한 준비를 해야 한다.

돈이라는 안전망은 하루아침에 만들어지지 않는다. 꾸준히, 그리고 장기적인 관점에서 준비해야 하며, 무리한 욕심을 부리지 않고 기본에 충실해야 한다. 그래야만 예기치 못한 위험이 닥쳤을 때 우리 자신과 가족을 지킬 수 있는 든든한 방패가 될 수 있다.

앞에서 언급한 돈에 대한 7가지 기능은 서로 긴밀하게 연결되어 있다. 가치 저장의 기능이 잘 작동해야 미래 준비도 가능하고, 안전망의 역할도 할 수 있다. 또한 교환 매개체로서의 기능이 원활해야 사회적 관계도 더욱 풍성해질 수 있다.

현대 사회에서는 이러한 기능들이 더욱 복잡하게 얽혀있다. 디지털 기술의 발전으로 돈의 형태가 다양화되면서, 그 기능도 더욱 확장되고 있다. 현금, 전자화폐, 가상화폐 등 다양한 형태의 돈이 각각의 특성에 맞는 기능을 수행하고 있다. 이러한 기능들이 제대로 작동하기 위해서는 올바른 돈 관리가 필수적이다.

돈의 기능을 제대로 활용하기 위해서는 어린 시절부터의 교육이 중요하다. 독서는 돈을 모으는 데 필요한 기초 지식을 쌓을 수 있다. 다양한 독서를 통해 돈의 본질과 기능을 이해하고, 이를 실생활에 적용할 수 있어야 한다.

3
돈의 역할과 미래

    돈은 교환 수단을 넘어 인간의 사고방식, 가치관, 그리고 사회 구조에 깊이 영향을 미쳐 왔다. 과거에는 생존을 위한 수단이었지만, 오늘날에는 개인의 정체성을 형성하고 삶의 질을 결정하는 중요한 요소가 되었다.

    돈은 그 자체로 하나의 권력이며, 경제적 안정뿐만 아니라 인간관계, 행복, 그리고 자아실현에도 중요한 역할을 한다. 돈의 역사적 변화뿐만 아니라, 현대 사회에서 돈이 갖는 의미를 새로운 관점에서 살펴보자.

돈의 역사적 변화, 생존에서 상징으로

초기 인류에게 돈의 개념은 존재하지 않았다. 대신 물물교환이 경제 활동의 기본 방식이었다. 하지만 시간이 지나면서 사람들이 거래를 더욱 효율적으로 하기 위해 특정 물품을 화폐로 사용하기 시작했다. 곡물, 가축, 소금 등 생존에 직접적인 영향을 미치는 재화들이 가치의 척도가 되었으며, 이러한 물품들은 점차 경제적 교환뿐만 아니라 권력과 부의 상징으로 자리 잡았다.

금속 화폐와 지폐가 등장하면서 돈은 생존 수단을 넘어 사회적 신뢰의 기반 위에 작동하기 시작했다. 초기의 금속 화폐는 가치가 일정한 금, 은, 동 등의 재료로 만들어졌고, 이러한 금속의 희소성과 내구성이 화폐의 가치를 보장했다. 그러나 시간이 지나면서 금속 화폐를 대체할 수 있는 신뢰 기반의 종이 화폐가 등장했고, 이는 정부와 금융 기관이 화폐 가치를 보장하는 형태로 발전했다.

산업혁명 이후, 돈의 개념은 더욱 복잡해졌다. 은행이 대출과 신용을 제공하면서 돈은 물리적인 형태를 넘어서 사회적 계약의 개념으로 확장되었다. 현대의 금융시스템에서는 돈이 현금 외에도 신용, 투자, 금융상품 등의 형태로 기능하며, 개인의 경제적 능력은 소득과 더불어 신용등급과 재무관리 능력에 따라 평가된다.

현대 사회에서 돈의 새로운 의미

오늘날 돈은 개인의 정체성을 형성하는 중요한 요소로 작용한다. 소비 습관은 개인의 가치관과 라이프스타일을 반영하며, 소득 수준은 사회적 계층과 연결되어 있다. 소셜 미디어와 세계 경제의 발전으로 인해 사람들은 더 이상 단순한 생계를 위한 돈이 아니라, 자신의 사회적 위치를 드러내는 수단으로 돈을 사용한다.

돈은 인간관계를 형성하고 변화시키는 강력한 요소다. 돈의 유무는 인간관계의 형태를 결정할 수 있으며, 가정 내 경제적 갈등, 친구 또는 가족 간의 금전적인 거래 등 다양한 방식으로 관계에 영향을 미친다.

오랫동안 "돈이 행복을 보장하는가?"라는 질문은 철학적, 심리학적 논의의 중심이 되어왔다. 연구에 따르면 일정 수준의 경제적 안정은 삶의 만족도를 높이지만, 일정 금액을 초과한 부는 필연적으로 행복을 증가시키지 않는다. 이는 돈이 기본적인 필요를 충족하는 데에는 필수적이지만, 궁극적인 행복은 인간관계, 건강, 삶의 목적과 같은 요소에 달려 있음을 시사한다.

현대 사회에서 돈은 점점 물리적 형태를 잃어가고 있다. 디지털 금융 기술의 발전으로 인해 돈은 점점 데이터화되고 있으며, 이는 돈을 관리하고 사용하는 방식에 근본적인 변화를 가져왔다. 금융 기술의 발전은 경제적 불평등을 해소할 가능성도 제공하지만, 반대로 새로운 유형의 디지털 격차를 초래할 위험도 있다.

돈의 새로운 역할

과거에는 돈이 생존과 생활을 위한 도구로 여겨졌지만, 현대 사회에서는 돈 자체가 목표가 되는 경우가 많다. 자본주의 사회에서는 경제적 성공이 곧 삶의 성공으로 평가되는 경향이 강하며, 이는 돈을 향한 무한한 욕망을 만들어 낸다. 그러나 이러한 가치관은 결국 개인의 삶을 피폐하게 만들 수 있으며, 돈을 수단으로 바라보는 균형 잡힌 시각이 필요하다.

디지털 혁명이 금융 시장을 변화시키면서 돈의 개념도 계속해서 진화하고 있다. 블록체인 기술을 기반으로 한 암호화폐, 인공지능을 활용한 투자 자동화, 중앙은행 디지털화폐(CBDC) 등은 기존의 금융시스템을 재편할 가능성이 크다. 또한 금융의 접근성이 높아지면서 전 세계적으로 경제적 기회를 더욱 평등하게 제공할 수 있는 기반이 마련되고 있다.

과거와는 달리 현대 사회에서는 돈이 개인의 정체성, 사회적 관계, 행복에 깊은 영향을 미치는 요소가 되었다. 기술 발전과 경제적 변화 속에서 돈의 의미는 계속해서 진화할 것이다. 돈이 단순한 목표가 아닌, 더 나은 삶을 위한 수단으로 기능할 수 있도록 균형 잡힌 인식을 하는 것이 중요하다.

4
현대 사회에서 돈의 영향력

돈은 갈수록 강력한 영향력을 행사하고 있다. 경제적 안정은 개인의 삶의 질을 결정하는 중요한 기준이 되었으며, 사회적 계층과 권력 구조도 돈에 의해 형성된다. 교육, 의료, 주거, 인간관계 등 삶의 다양한 측면에서 돈의 역할은 점점 더 중요해지고 있으며, 이에 따라 사람들의 가치관과 행동 양식도 변화하고 있다. 현대 사회에서 돈이 미치는 영향력을 다양한 측면에서 분석하고, 그 의미를 살펴보자.

돈과 사회적 계층화

현대 사회에서 돈의 가장 두드러진 영향력 중 하나는 경제적 불평등이다. 부의 집중은 특정 계층이 사회적 자원을 독점하게 만들고, 빈곤층은 지속적으로 경제적 어려움을 겪게 된다. 부유한 가정에서 태어난 아이들은 더 나은 교육을 받을 기회를 얻고, 이는 다시 높은 소득의 직업으로 연결되는 선순환을 만든다. 그러나 경제적으로 취약한 계층은 양질의 교육을 받기 어려우며, 이는 직업 선택의 폭을 좁히고 빈곤의 대물림을 초래하는 경우가 많다.

돈은 사회적 지위를 결정하는 중요한 기준이 되었다. 과거에는 가문이나 직업이 사회적 지위를 결정하는 요소였지만, 현대 사회에서는 경제적 성공이 사회적 인정과 직결되는 경우가 많다. 부유한 사람들은 경제적 자원을 활용해 정치적, 문화적 영향력을 행사하며, 이들의 라이프스타일은 많은 사람에게 동경의 대상이 되기도 한다. 그러나 경제적으로 어려운 사람들은 사회적 인정과 기회를 얻기 어려운 경우가 많아, 경제적 성공을 위한 경쟁이 더욱 치열해지고 있다.

돈과 인간관계

돈은 가족 관계에도 큰 영향을 미친다. 경제적 어려움은 가정 내 갈등을 초래하는 주요 원인 중 하나이며, 이는 가족 간 신뢰와 유대감에 부정적인 영향을 미칠 수 있다. 반대로 경제적 여유가 있는 가정에서는 생활의 안정성이 보장되면서 가족 구성원 간의 관계도 상대적으로 원만한 경우가 많다.

재산 상속이나 금전적인 이해관계가 개입될 경우 가족 간 갈등이 발생하기도 한다. 이는 돈이 가족 관계를 결정하는 중요한 요인으로 작용한다는 점을 보여준다.

돈은 친구 관계에도 영향을 미친다. 경제적 수준이 비슷한 사람들끼리 관계를 맺는 경향이 강하며, 소비 수준이나 생활 방식이 다른 경우 관계 유지에 어려움을 겪을 수도 있다. 돈을 빌리거나 빌려주는 문제로 인해 친구 관계가 악화되는 경우도 적지 않다. 이처럼 돈은 인간관계를 더욱 돈독하게 만들 수도 있지만, 반대로 갈등과 오해를 유발하는 요인이 되기도 한다.

돈과 행복

돈과 행복의 관계는 오랫동안 논의되어 온 주제다. 기본적인 생활이 보장되지 않는 상황에서는 돈이 행복을 높이는 중요한 요소가 되지만, 일정 수준 이상의 부를 가진 경우에는 돈이 더 이상의 행복을 보장하지 않는다는 연구 결과도 많다. 이는 물질적 풍요가 일정 수준 이상이 되면, 삶의 만족도가 돈보다 인간관계나 개인적인 성취와 같은 요소에 더 큰 영향을 받기 때문이라고 볼 수 있다.

현대 사회에서는 소비가 행복을 결정하는 중요한 요인 중 하나로 자리 잡았다. 광고와 미디어는 끊임없이 새로운 제품과 서비스를 소비하도록 유도하며, 사람들은 이를 통해 만족을 얻는다. 하지만 과소비는 경제적 부담을 초래하고, 결국에는 스트레스와 불안을 유발할 수도 있다. 따라서 돈을 어떻게 사용하느냐에 따라 행복의 수준도 달라질 수 있다는 점을 고려해야 한다.

돈과 미래

돈의 개념은 점점 변화하고 있다. 디지털 경제의 발전으로 인해 현금 사용이 줄어들고, 신용카드, 모바일 결제, 암호화폐 등의 새로운 금융시스템이 등장했다. 이러한 변화는 금융 접근성을 높이고 새로운 경제적 기회를 창출하는 긍정적인 측면이 있지만, 동시에 디지털 금융 격차를 초래할 위험도 내포하고 있다.

앞으로의 사회에서는 경제적 불평등을 해소하고 지속 가능한 경제체제를 구축하는 것이 중요한 과제가 될 것이다. 기본소득제 도입, 부의 재분배 정책, 금융교육 강화 등의 방안이 논의되고 있다.

돈이 일부 계층의 부를 축적하는 도구가 아니라, 더욱 많은 사람에게 경제적 안정과 기회를 제공하는 수단이 될 수 있도록 노력해야 한다.

돈은 현대 사회에서 막대한 영향력을 행사하며, 사회적 계층, 인간관계, 행복, 그리고 미래 경제 구조에 깊이 관여하고 있다. 경제적 성공이 개인의 삶을 결정하는 중요한 요소가 되었으며, 이에 따라 사회적 불평등이 심화되는 문제도 발생하고 있다.

하지만 돈의 사용 방식에 따라 개인의 삶의 질은 크게 달라질 수 있다. 우리는 돈을 단순한 목표로 삼기보다 더 나은 삶을 위한 도구로 활용하는 방법을 고민해야 한다. 미래 사회에서는 보다 공정하고 지속 가능한 경제체제를 구축하여, 돈이 모든 사람에게 긍정적인 영향을 미칠 수 있도록 해야 한다.

제4장

돈과 개인의 성격

1. 돈이 드러내는 인간의 본성
2. 돈 사용 습관과 성격의 관계
3. 돈의 올바른 사용법
4. 사회적 환원과 나눔의 가치
5. 돈은 우리 삶의 창문

1
돈이 드러내는 인간의 본성

　돈이 드러내는 인간의 본성은 실로 다양하다. 돈을 통해 인간의 가장 순수한 본성부터 가장 어두운 본성까지 모두 목격할 수 있다.
　돈은 인간의 사랑과 배려, 그리고 탐욕이라는 상반된 본성을 극명하게 드러낸다.
　K의 부모님은 힘들게 모은 돈을 지인에게 빌려주었다가 되돌려받지 못했는데, 그 돈을 돌려받기 위해 채무자의 집을 방문했을 때 오히려 굴욕적인 일까지 겪었다. 이는 돈이 얼마나 쉽게 인간관계를 파괴할 수 있는지를 보여준다.
　현대 사회에서는 인간의 탐욕이 더욱 교묘한 방식으로 드러나며, 이를 악용한 금융 사기가 끊임없이 발생하고 있다. 주식 리딩방, 불법 펀드 운영, 폰지 사기 등 다양한 형태의 금융 범죄가 기승을 부리며, 많은 사람이 쉽게 돈을 벌고자 하는 욕망에 속아 피해를 입고 있다.

　이처럼 돈은 인간의 선과 악, 두 가지 본성을 가장 적나라하게 드러내는 도구다. 돈을 사랑과 배려의 마음으로 사용할 때, 그것은 사람들 사이의 관계를 더욱 돈독하게 만들고 긍정적인 변화를 가져온다. 반면 탐욕과 이기심으로 돈을 대하면 신뢰가 깨지고 관계가 무너지며, 때로는 돌이킬 수 없는 비극적 결과를 초래하기도 한다.

　한국 사회의 정(精) 문화는 돈과 관련된 인간의 복잡한 본성을 더욱 두드러지게 한다. 주변의 어려운 사람을 돕는다는 명목으로 돈을 빌려주었다가 받지 못하는 경우가 빈번하게 발생한다. 이는 인간의 선한 본성이 때로는 자신을 해치는 결과를 초래할 수 있음을 보여준다.

　돈은 또한 인간의 집착과 불안의 본성도 드러낸다. 어린 시절의 가난한 경험은 평생 돈에 대한 강박적인 집착으로 이어질 수 있다. 육성회비를 제때 내지 못했던 경험, 수학여행을 가지 못했던 기억들은 성인이 된 후에도 돈에 대한 불안감으로 남아 있다.

　돈은 인간의 창의적이고 도전적인 본성도 이끌어 낸다. 스티브 잡스의 사례처럼, 돈이 없는 상황에서도 자신의 비전을 믿고 도전하는 사람들도 많아 작은 시작에서 큰 성과로 이어질 수 있다는 희망을 준다.

돈은 인간의 책임감과 성실함이라는 본성도 드러낸다. 부모가 자녀 교육을 위해 수입의 60~70%를 투자하는 모습이나, 가족의 생계를 위해 묵묵히 일하는 모습에서 인간의 책임감 있는 본성을 발견할 수 있다.

돈이 드러내는 가장 흥미로운 인간의 본성은 아마도 '모순성'일 것이다. 우리는 돈이 전부가 아니라고 말하면서도 돈에 집착하고, 돈 때문에 불행해지지 않겠다고 다짐하면서도 돈이 없어 고민한다. 이러한 모순된 태도야말로 가장 인간다운 본성이라 할 수 있다.

돈은 또한 인간의 연대와 배신이라는 상반된 본성도 드러낸다. 어려울 때 서로 돕고 나누는 모습이 있는가 하면, 친구나 동료 사이에서도 돈 문제로 인해 관계가 깨지는 경우도 허다하다. 이는 돈이 인간관계의 결속력을 강화할 수도, 약화시킬 수도 있음을 보여준다.

돈을 어떻게 사용하고 관리하느냐에 따라 그 사람의 인격이 드러난다. 돈을 통해 우리는 실수하고, 배우고, 성장하면서 더 나은 인간이 되어간다. 이처럼 돈이 드러내는 인간의 본성은 매우 다면적이다. 그것은 마치 창문처럼 우리의 모든 면모를 드러내 보이며, 우리가 어떤 존재인지를 끊임없이 일깨워준다.

2
돈 사용 습관과 성격의 관계

 돈은 단순한 거래 수단이 아니라, 개인의 가치관과 성격을 반영하는 중요한 요소다. 사람마다 돈을 사용하는 방식이 다르며, 이는 그들의 성격, 심리적 특성, 그리고 삶의 경험과 밀접한 관련이 있다.

 어떤 사람은 신중하게 돈을 관리하는 반면, 어떤 사람은 충동적으로 소비하며 만족을 얻는다. 돈 사용 습관이 성격과 어떤 관계를 맺는지 다양한 유형별로 살펴보고, 돈을 보다 효과적으로 사용할 수 있는 방법을 알아보자.

1) 성격 유형별 돈 사용 습관

절약형: 신중하고 계획적인 성격

절약형 사람들은 돈을 신중하게 관리하며, 미래를 대비하는 데 중점을 둔다. 이들은 지출을 철저히 통제하며, 불필요한 소비를 지양하는 특징이 있다. 대개 신중하고 논리적인 성격을 가지며, 감정보다는 이성적으로 결정을 내리는 경향이 있다.

A는 매달 예산을 철저히 세우고, 계획한 범위 내에서만 소비한다. 그는 할인 상품을 선호하고, 충동 구매를 최대한 피하며 장기적인 재무 목표를 세우는 것을 중요하게 여긴다. 이런 유형의 사람들은 재정적으로 안정적인 삶을 유지할 가능성이 크지만, 때로는 돈을 쓰는 것에 지나치게 인색해질 수도 있다. 즉, 돈을 통해 즐거움을 얻는 것을 소홀히 할 수 있다.

충동 소비형: 감정적인 성격

충동 소비형 사람들은 순간적인 만족을 위해 계획 없이 돈을 쓰는 경향이 있다. 이들은 대개 감정이 풍부하며, 스트레스 해소나 기분 전환을 위해 쇼핑을 하는 경우가 많다.

B는 기분이 우울할 때마다 쇼핑몰에 가서 옷과 액세서리를 구매한다. 그는 필요하지 않은 물건도 '지금 아니면 살 수 없다'라는 생

각에 충동적으로 결제한다.

이러한 소비 습관은 단기적으로 기쁨을 줄 수 있지만, 장기적으로 재정적 어려움을 초래할 수 있다. 충동 소비를 줄이기 위해서는 예산을 정하고, 구매 전에 충분한 고민을 하는 습관을 들이는 것이 중요하다.

과시형 소비자: 외향적이고 사회적 인정 욕구가 강한 성격
과시형 소비자들은 돈을 자신의 사회적 지위를 표현하는 수단으로 사용한다. 이들은 고급 브랜드 제품을 선호하며, 다른 사람들에게 자신이 얼마나 경제적으로 성공했는지를 보여주려는 경향이 있다.

C는 매년 새로운 차를 구매하고, 명품 시계를 모으는 것을 좋아한다. 그는 주변 사람들이 자신의 스타일을 칭찬해 줄 때 만족감을 느낀다. 이런 유형의 사람들은 단기적으로 높은 자존감을 유지할 수 있지만, 과도한 지출로 인해 장기적인 재정 문제가 발생할 위험이 크다. 따라서 재정적인 균형을 유지하는 것이 필요하다.

모험형 투자자: 도전적이고 위험을 감수하는 성격
모험형 투자자들은 돈을 단순한 생계 수단이 아니라 성장의 기회로 본다. 이들은 위험을 감수하면서도 큰 수익을 기대하며 투자

하는 경향이 있다. 대개 도전적이고 자기 주도적인 성격을 가진다.

D는 주식과 가상화폐에 적극적으로 투자하며, 새로운 금융상품에 관심이 많다. 그는 실패를 두려워하기보다는 도전하고 배우는 것을 선호한다. 이러한 성향은 큰 재정적 성공을 가져올 수 있지만, 한편으로는 높은 위험을 감수해야 한다는 단점도 있다. 모험형 투자자는 철저한 정보 분석과 위험 관리 전략을 병행하는 것이 중요하다.

2) 돈 사용 습관이 성격에 미치는 영향

돈을 사용하는 방식은 개인의 경제적 상황을 반영하는 것 외에 그 사람의 심리적 특성과도 깊이 연결되어 있다. 절약형 사람들은 신뢰성이 높고 계획적이지만, 충동 소비형 사람들은 즉흥적이며 감정적이다. 또한 과시형 소비자들은 사회적 인정을 중요하게 여기고, 모험형 투자자들은 도전적인 성향이 강하다.

돈 사용 습관이 성격을 반영하는 동시에, 성격도 돈을 사용하는 방식에 영향을 미친다. 외향적인 사람들은 대체로 소비에 개방적이지만, 내향적인 사람들은 저축과 계획적인 소비를 선호하는 경향이 있다. 개인의 성향을 이해하고, 이에 맞는 재정 관리 전략을 세우는 것이 중요하다.

3) 성격 유형에 따른 올바른 돈 관리 방법

절약형을 위한 조언

- 지나치게 돈을 아끼기보다, 자신을 위한 소비에도 적절한 가치를 부여하는 것이 중요하다.
- 장기적인 재정 계획을 유지하면서도 삶의 질을 고려하는 균형을 찾는 것이 필요하다.

충동 소비형을 위한 조언

- 소비 전에 반드시 '이것이 정말 필요한가?'를 자문하는 습관을 들인다.
- 월별 예산을 정하고, 충동 구매를 줄이는 전략을 실행한다.

과시형 소비자를 위한 조언

- 사회적 인정보다 개인적인 만족에 더 집중하는 것이 필요하다.
- 장기적인 재정 목표를 설정하고, 경제적 안정성을 확보하는 방향으로 소비 패턴을 조정해야 한다.

모험형 투자자를 위한 조언

- 과도한 위험을 감수하지 않도록 분산 투자 전략을 세운다.
- 장기적인 관점에서 재정 목표를 설정하고, 정보 분석을 철저히 한다.

돈 사용 습관은 소비 행태뿐만 아니라 개인의 성격과 가치관을 반영한다. 중요한 것은 자신의 소비 성향을 파악하고, 이를 보완할 수 있는 재정 전략을 마련하는 것이다. 돈은 삶을 더 풍요롭게 만드는 수단이 되어야 하며, 성격에 맞는 적절한 관리 방식이 필요하다. 자기 자신을 깊이 이해하고, 합리적인 소비 습관을 갖추는 것이 건강한 재정 생활의 첫걸음이다.

3
돈의 올바른 사용법

 올바른 돈 사용 습관은 소비보다 저축과 투자를 우선시하고, 필요와 욕구를 구분하여 신중하게 지출하는 것이다.
 잘못된 돈 사용 습관은 개인의 재정 상태를 악화시키고, 삶의 질을 떨어뜨린다. 반대로 돈을 현명하게 사용하면 경제적 안정과 더불어 정신적인 여유까지 누릴 수 있다.
 돈을 어떻게 사용하느냐에 따라 삶의 방향이 결정되며, 올바른 돈 사용법을 익히는 것은 반드시 필요한 덕목이다. 돈을 올바르게 사용하는 방법을 다각도로 살펴보고, 이를 실천할 수 있는 구체적인 전략을 알아보자.

1) 돈 사용의 원칙

돈을 올바르게 사용하기 위해서는 몇 가지 원칙을 정립할 필요가 있다. 이 원칙들은 재정적 안정뿐만 아니라 지속 가능한 경제적 행복을 누리는 데에도 큰 도움이 된다.

수입과 지출의 균형 유지
재정 관리를 잘하는 첫걸음은 수입과 지출을 균형 있게 유지하는 것이다. 많은 사람이 소득보다 많은 돈을 사용하면서 빚을 지게 되는데, 이는 장기적으로 큰 부담을 초래할 수 있다. 지출을 통제하고 소비 습관을 점검하는 것은 재정적 안정을 위한 기본적인 과정이다.

예산 수립과 계획적인 소비
계획 없이 돈을 사용하면 자칫 낭비로 이어질 수 있다. 예산을 세우고 일정한 지출 한도를 정하는 것은 불필요한 소비를 막고, 장기적인 재정 목표를 달성하는 데 도움을 준다. 예산을 설정할 때는 고정 지출(주거비, 공과금, 보험료)과 변동 지출(식비, 여가비, 쇼핑비)을 구분하여 관리하는 것이 효과적이다.

저축과 투자

돈을 현명하게 사용하는 또 다른 방법은 저축과 투자다. 저축은 미래의 불확실성에 대비하는 역할을 하며, 금융 자산을 늘리는 기초가 된다. 투자는 돈을 더욱 효과적으로 불리는 수단이 될 수 있기도 하지만, 반면 위험을 동반하므로 신중한 접근이 필요하다. 안정적인 수익을 위해 분산 투자 원칙을 따르는 것이 바람직하다.

2) 돈을 현명하게 사용하는 방법

올바른 돈 사용법을 실천하기 위해서는 구체적인 방법을 익히고 이를 지속적으로 적용하는 것이 중요하다.

충동 구매 줄이기

충동 구매는 재정 관리에 있어 가장 큰 적 중 하나다. 계획 없이 지출하는 습관은 장기적으로 금전적 어려움을 초래할 수 있다. 충동 구매를 줄이기 위해서는 구매 전 꼭 필요한 물건인지 고민하는 습관을 기르는 것이 필요하다. 온라인 쇼핑 시 장바구니에 담아둔 후 일정 시간이 지난 후 다시 확인하는 것도 효과적인 방법이다.

가치 중심 소비

돈을 사용할 때 단순히 가격을 고려하기보다 그 소비가 가져다 주는 가치를 평가하는 것이 중요하다. 예를 들어, 단기적인 만족을 위한 소비보다는 장기적으로 삶의 질을 높이는 소비에 집중하는 것이 바람직하다. 독서, 건강 관리, 자기계발 등에 투자하는 것이 좋은 예다.

신용카드 사용의 주의점

신용카드는 편리하지만 잘못 사용하면 큰 재정적 부담을 초래할 수 있다. 카드 사용 시에는 신용 한도를 넘지 않도록 주의하고, 할부보다는 일시불 결제를 선호하는 것이 좋다. 또한 카드 대금 연체를 피하기 위해 자동이체를 설정하거나 매달 명세서를 꼼꼼히 확인하는 습관을 들이는 것이 중요하다.

절약 습관 기르기

절약은 돈을 아끼는 것에 그치지 않고 필요 없는 지출을 최소화하는 것을 의미한다. 할인 쿠폰 활용, 불필요한 구독 서비스 취소, 외식 대신 집에서 요리하기 등의 작은 습관들이 장기적으로 큰 차이를 만든다. 대체 가능한 저렴한 제품을 찾고, 품질 대비 가성비가 좋은 상품을 선택하는 습관도 중요하다.

3) 돈과 인간관계

돈 사용 방식은 인간관계에도 큰 영향을 미친다. 돈을 어떻게 다루느냐에 따라 관계가 개선될 수도 있고, 갈등이 발생할 수도 있다.

가족 간의 돈 문제

가족 간의 돈 문제는 가정의 평화를 위협하는 가장 큰 요인 중 하나다. 특히 다음과 같은 상황에서 갈등이 자주 발생한다.

첫째, 부모와 자녀 사이의 재정적 갈등이다. 대학생 자녀가 용돈을 과도하게 요구하거나, 취업한 자녀가 부모님께 생활비를 드리는 문제로 갈등이 생길 수 있다. 또는 결혼한 자녀가 부모님의 노후를 어느 정도까지 책임져야 하는지를 두고 형제자매 간에 분쟁이 일어나기도 한다.

둘째, 부부간의 재정 관리 방식 차이다. 한 사람은 저축 위주로 생활하려 하고, 다른 한 사람은 현재의 삶을 즐기기 위해 지출하려 할 때 갈등이 생긴다. 또는 투자에 대한 견해 차이로 인해 다툼이 발생할 수 있다. 예를 들어 남편이 주식 투자나 부동산 투자를 적극적으로 하려 할 때, 아내는 안정적인 예금을 선호하는 경우가 있다.

셋째, 시댁과 처가 간의 경제적 지원 문제다. 명절이나 생일에 얼마씩 용돈을 드려야 하는지, 큰 질병이 발생했을 때 치료비를 어떻게 분담할 것인지 등을 두고 갈등이 생길 수 있다. 특히 한쪽 부모님만 경제적으로 지원하는 경우, 심각한 부부 갈등으로 이어질 수 있다.

넷째, 자녀 교육비를 둘러싼 갈등이다. 아내는 자녀에게 최고의 교육 환경을 제공하기 위해 사교육에 많은 투자를 하고 싶어 하는 반면, 남편은 과도한 교육비 지출이 가정 경제를 위협한다고 생각할 수 있다.

이러한 갈등을 예방하고 해결하기 위해서는 다음과 같은 원칙이 필요하다:

① 정기적인 가족회의를 통한 재정 계획 수립
- 매월 수입과 지출 내역을 공유
- 큰 지출이 예상될 때는 사전에 충분한 논의
- 저축과 투자 계획에 대한 합의 도출

② 각자의 자유 재량권 인정
- 개인별로 일정 금액은 자유롭게 사용할 수 있도록 허용
- 그 범위 내에서는 상호 간섭하지 않기로 약속

③ 비상금 계좌 운영
- 예측하지 못한 지출에 대비한 별도 계좌 마련
- 사용 기준에 대한 명확한 합의

④ 부모 부양에 대한 원칙 수립
- 양가 부모님에 대한 지원 금액과 방식을 명확히 설정
- 형제자매 간의 분담 방식을 사전에 협의

⑤ 자녀 교육비 지출 기준 마련
- 전체 수입 대비 교육비 비중 설정
- 사교육비 지출의 우선순위 결정

이러한 원칙들은 문서로 만들어 모든 가족 구성원이 공유하고 정기적으로 검토하며 필요할 때 수정하는 것이 바람직하다. 또한 원칙을 세울 때는 각자의 입장을 충분히 이해하고 존중하는 자세가 필요하다.

중요한 것은 돈 문제를 터부시하지 않고 열린 마음으로 대화하는 것이다. 많은 가정에서 돈 이야기를 꺼내는 것 자체를 불편해하지만, 오히려 솔직한 대화야말로 갈등 예방의 첫걸음이 될 수 있다.

가족 구성원 각자가 재정 관리에 대한 기본적인 지식을 갖추도록 노력하는 것도 중요하다. 서로의 재정적 결정을 이해하고 존중하기 위해서는 기본적인 금융 이해력이 필수적이기 때문이다.

가족 간의 돈 문제는 신뢰와 존중을 바탕으로 한 명확한 원칙과 지속적인 소통을 통해서만 해결할 수 있다. 이는 단순히 돈 관리의 문제를 넘어, 건강한 가족 관계를 유지하기 위한 필수적인 과정이라고 할 수 있다.

친구와의 금전 거래

친구 간의 돈거래는 오랜 우정을 하루아침에 무너뜨릴 수 있는 위험한 요소다. 실제로 다음과 같은 상황에서 많은 갈등이 발생한다.

첫째, 급전이 필요한 친구의 부탁을 거절하지 못해 돈을 빌려주는 경우다. 예를 들어 절친한 친구가 사업 자금이 필요하다며 500만 원을 빌려달라고 한다. "6개월 후에는 꼭 갚겠다"라는 약속과 함께 "네가 아니면 부탁할 곳이 없다"라는 말에 거절하지 못하고 돈을 빌려준다. 그러나 약속한 시일이 지나도 돈을 갚지 못하고, 연락마저 피하기 시작하면서 관계가 소원해진다.

둘째, 친구의 사업에 투자하는 경우다. 친구가 새로운 사업을 시작하면서 "큰 수익이 날 것 같으니 같이 하자"고 제안한다. 의리상 참여했다가 사업이 실패하면 투자금을 잃을 뿐만 아니라 친구와의 관계도 깨지게 된다. 더 나쁜 경우는 초기에 약간의 수익을 주어 더 큰 투자를 유도한 뒤 잠적하는 경우도 있다.

셋째, 모임에서의 과도한 지출 문제다. 친구들과의 모임에서 누군가 "오늘은 내가 쏜다"라며 비싼 술과 음식을 주문한다. 다음 모임에서는 다른 친구가 더 비싼 곳으로 가자고 제안하면서 점점 모임 비용이 늘어난다. 이로 인해 경제적 부담을 느끼는 친구들은 모임에 나오지 않게 되고, 결국 우정에 금이 가게 된다.

넷째, 보증을 서주는 경우다. 친구가 전세 자금이나 사업 자금을 대출받기 위해 보증을 요청한다. 거절하기 어려워 보증을 섰다가 친구가 대출금을 갚지 못하면 보증인이 대신 갚아야 하는 상황에 부닥치게 된다. 이는 단순한 금전적 손실을 넘어 평생의 짐이 될 수 있다.

이러한 문제를 예방하기 위해서는 다음과 같은 원칙이 필요하다.

① 돈 거래 시 명확한 규칙 설정
- 반드시 차용증을 작성
- 상환 일정과 방법을 구체적으로 명시
- 이자 발생 여부 명확히 결정
- 연체 시 처리 방법 사전 합의

② 거절하는 방법 익히기
- "나도 여유가 없다"라는 등의 완곡한 표현 사용
- 거절해도 괜찮다는 마음가짐 갖기
- 대안을 제시하며 거절하기

③ 모임에서의 지출 규칙
- 1인당 적정 금액 사전 합의
- 더치페이 원칙 고수
- 무리한 2차, 3차 자제

④ 투자 유혹 피하기
- 친구의 사업에는 투자하지 않기

- 고수익 보장 제안 경계하기
- 투자는 전문가와 상담 후 결정

⑤ 보증 요청 대처법
- 원칙적으로 거절
- 가능한 다른 방법 제시
- 보증의 위험성 설명

중요한 것은 이러한 원칙들을 친구 관계가 좋을 때 미리 이야기 해두는 것이다. 문제가 발생한 후에는 어떤 말을 해도 오해의 소지가 될 수 있기 때문이다.

돈 문제로 인한 갈등이 발생했을 때는 다음과 같이 대처하는 것이 좋다.

① 감정적 대응 자제
- 차분하게 대화 시도
- 서로의 입장 이해하기
- 해결 방안 함께 모색

② 제삼자의 중재 활용
- 공통의 친구나 선배에게 조언 요청
- 필요할 때 전문가 상담

③ 법적 해결 검토
- 금액이 크거나 사기 의심 시
- 다른 피해자 발생 우려 시

친구 간의 돈거래는 최대한 피하는 것이 현명하다. 부득이하게 돈거래를 해야 한다면 가능한 한 공식적이고 명확한 방식을 택해야 하며, 감정과 돈을 분리해서 생각하는 자세가 필요하다. 우정은 돈으로 살 수 없기에, 일시적인 돈 문제로 친구를 영원히 잃어버리는 일은 없어야 할 것이다.

4) 돈 사용과 행복의 관계

많은 사람이 돈이 많으면 행복할 것이라고 생각하지만, 연구에 따르면 일정 수준 이상의 돈은 행복에 미치는 영향이 크지 않다. 돈이 많다고 해서 반드시 만족스러운 삶을 사는 것은 아니며, 중요한 것은 돈을 어떻게 사용하느냐이다.

경험을 위한 소비

물질적 소비보다는 경험을 위한 소비가 더 큰 만족을 줄 수 있다는 개념은 많은 연구와 경험에서 증명된 사실이다. 예를 들어, 여행을 떠나는 경험은 그 자체로 기억에 남고, 그 경험이 사람의 행복도를 높이는 데 기여할 수 있다. 새로운 물건을 사는 것보다, 여행을 통해 새로운 문화나 풍경을 접하고, 사람들과 교류하며 특별한 순간을 함께 나누는 것이 더 큰 감동을 주기 때문이다.

가족과의 시간을 보내는 것도 그중 하나다. 물건을 사서 소유하는 것보다는 가족과 함께 보낸 소중한 시간이 더 오래 기억에 남고, 정서적인 만족감을 더 크게 느끼게 된다. 주말에 온 가족이 함께 캠핑을 떠나거나, 집에서 함께 요리하며 이야기를 나누는 활동은 단기적인 물질적 소비보다 더 큰 행복감을 준다.

취미 활동 역시 경험 중심의 소비에 속한다. 음악을 배우거나 그림을 그리거나, 스포츠를 즐기는 것 등은 물건을 구입하는 소비보다 더 깊은 만족감을 주기도 한다. 이런 활동은 종종 자기표현과 자아 성취의 기회를 제공하며, 그 경험 자체가 즐거움을 더해준다. 매일 운동을 하거나 새로운 악기를 배우면서 느끼는 성취감이나 재미는 물건을 구매한 후에 느낄 수 있는 일시적인 기쁨보다 더 지속적이고 의미 있는 만족을 준다는 것을 경험한 이들은 알고 있을 것이다.

기부와 나눔

돈을 나누는 것이 개인의 행복을 높이는 중요한 요소라는 주제는 여러 실제 사례를 통해 쉽게 이해할 수 있다. 기부나 봉사활동을 통해 돈을 나누는 것만으로도 자신에게 큰 긍정적인 영향을 미칠 수 있다.

기부의 경우, 정기적으로 적은 금액을 어려운 사람들에게 기부하는 활동은 그 자체로 개인에게 기쁨과 만족감을 준다. 자주 기부를 하는 사람들은 단지 금전적인 도움을 주는 것뿐만 아니라, 자신이 사회에 긍정적인 영향을 미친다고 느끼면서 자아 존중감을 높이고, 삶에 의미를 더하게 된다.

언젠가 한 지인이 월급의 일부를 아동복지시설에 기부했는데, 그 후 받은 감사의 편지나 어린이들의 밝은 얼굴을 보고 자신이 한 작은 기여가 얼마나 큰 영향을 미쳤는지를 깨닫고 큰 행복감을 느낄 수 있었다고 고백한 걸 들은 적이 있다.

봉사활동 역시 유사한 효과를 가져온다. 매주 주말마다 독거노인들을 방문하여 함께 시간을 보내거나, 노숙자를 돕는 봉사활동에 참여하는 경우, 단순히 남을 돕는 것 이상의 의미를 부여할 수 있다. 봉사활동을 통해 사람들은 자신이 가진 것에 대한 감사함을 느끼게 되고, 더 많은 사람과의 연결을 통해 인간적인 행복감을 느낄 수 있다. 자원봉사자로서 시간을 보내고 난 뒤에는 스스로가 더 큰 충족감과 행복감을 경험하게 되는 경우가 많다. 이때 다른 사람들에게 제공된 도움은 단지 물리적인 지원을 넘어서, 정신적이고 감정적인 지원을 주기 때문이다.

또한 사회적 기업에 투자하거나, 지역 사회 프로젝트에 후원하는 것도 돈을 나누는 좋은 방법이다. 한 사람이 지역 내 청소년 교육 프로그램에 후원하기로 결심하고 매달 일정 금액을 기부한다고 가정해 보자. 이 기부 덕분에 많은 아이가 꿈을 향해 나아갈 기회를 얻고, 그들의 삶이 긍정적으로 변화할 수 있을 것이다. 후원자는 이 결과를 알게 되면 자신이 투입한 돈이 얼마나 많은 사람에게 실제적인 도움을 주었는지를 알게 되어 큰 자긍심을 느낄 수 있다.

이와 같은 경험들은 모두 사회적 책임감과 인간관계를 증진하며, 결국 개인의 삶의 질을 높이는 데 큰 도움이 된다. 단순히 돈을 모은다고 해서 얻는 물질적인 이득만큼이나, 그 돈을 나누고 사회에 긍정적인 변화를 일으킬 때 더 큰 만족감과 행복을 경험할 수 있다.

돈은 잘 사용하면 삶을 풍요롭게 만들지만, 무분별한 사용은 오히려 삶을 어렵게 만들 수 있다. 올바른 돈 사용법을 익히고 실천하는 것은 개인의 경제적 안정뿐만 아니라 정신적 만족에도 영향을 미친다. 계획적인 소비, 저축과 투자, 충동 구매 절제, 가치 중심 소비 등의 습관을 길러야 한다.

돈을 물질적 도구를 넘어 삶을 개선하는 수단으로 바라보는 것이 중요하다. 현명한 돈 사용은 더 나은 삶을 위한 필수 조건이며, 지속적으로 관리하고 발전시켜 나가야 할 중요한 기술이다.

4
사회적 환원과 나눔의 가치

오늘날의 사회는 빠르게 변화하고 있으며, 그 변화는 물질적 성공만으로는 만족을 얻기 어려운 시대적 배경을 만들어가고 있다. 사람들은 물질적 재화의 축적만을 목표로 삼지 않는다. 그 대신, 삶의 의미와 가치를 찾기 위한 여정에서 사회적 환원과 나눔이 중요한 역할을 차지하고 있다. 우리가 가진 것을 사회와 나누는 것은 개인의 삶의 질을 높이는 중요한 방식일 뿐만 아니라, 사회적 연대감과 공동체 의식을 강화하는 것이다.

나눔의 내적 성장과 자아실현

우리가 흔히 생각하는 나눔은 물질적 자원을 타인에게 제공하는 것으로 정의될 수 있다. 그러나 나눔의 진정한 가치는 내적 성장과 자아실현에 있다. 타인에게 도움을 주는 행동은 개인이 자신의 삶을 재조명하고, 자기 존재의 가치를 확인하는 기회를 제공한다. 우리는 다른 사람을 돕는 과정에서 자신이 가지고 있는 능력이나 자원을 어떻게 활용할 수 있는지에 대해 깊이 성찰하게 된다. 그 과정에서 개인은 자기 효능감을 느끼게 되며, 이는 자아 존중감을 높이는 데 중요한 역할을 한다.

예를 들어, 한 사람이 자원봉사 활동에 참여해 어려운 환경에 처한 이들에게 음식을 나누어주거나 의약품을 전달하는 활동을 한다면, 그는 단순히 타인을 돕는 것 이상의 경험을 하게 된다. 그는 자신이 어떤 방식으로 사회적 책임을 다하고 있는지, 그리고 그로 인해 자신의 존재가 어떻게 긍정적인 변화를 만들어 가는지에 대한 깊은 인식을 하게 된다. 이 경험은 그에게 자아실현의 만족감을 주며, 나아가 그는 삶에서 더 큰 의미와 목적을 찾게 된다.

타인과의 연결, 사회적 유대감

나눔은 인간적인 유대를 형성하는 중요한 방법이다. 물질적으로 풍족한 사람이 타인에게 물건을 기부하거나 금전적 지원을 하는 행위는 그 자체로 타인과의 연대감을 형성하는 중요한 요소가 된다. 그러나 더 중요한 점은 물질적 지원을 넘어서 감정적, 심리적 지원을 제공하는 것이다. 우리는 누군가에게 물질적 기부를 하는 것만큼이나 그 사람에게 관심과 애정을 주는 것이 중요하다는 사실을 깨닫게 된다.

기부와 봉사활동이 물질적 도움을 주는 것에 그치지 않고, 참여자들에게 감정적 보상과 심리적 안정을 제공한다는 점은 매우 중요한 사실이다. 이러한 활동은 사람들 간의 깊은 유대감을 형성하는 데 큰 역할을 한다.

그중에서도 기부천사 션의 활동은 이러한 효과를 극명하게 보여주는 사례다. 션은 자신의 시간과 돈, 그리고 노력을 사회에 환원하는 것을 삶의 중요한 가치로 삼아왔으며, 그의 활동은 단순한 기부 이상의 큰 의미를 지닌다.

기부천사 션의 활동: 사람을 연결하고 마음을 나누는 힘

션(한국 이름 노승환)은 국내 유명한 가수이자 기부와 봉사활동으로 잘 알려진 인물이다. 그의 기부활동은 단지 돈을 내놓는 것에 그치지 않고, 사람과 사람을 연결하는 다리 역할을 하고 있다. 션은 그

동안 수많은 봉사활동과 기부를 통해, 사회적 약자들과 직접 소통하며 큰 변화를 만들어갔다. 그가 기부와 봉사를 하면서 얻은 가장 큰 감정적 보상은 바로 사람들과의 소통과 연대감이었다고 말할 수 있다.

션의 기부와 봉사활동은 매우 직접적이고 실질적이다. 그가 참여한 대표적인 활동 중 하나는 '국내 최초 루게릭 요양병원 건립을 위한 기부와 모금 활동'이다. 션은 단순히 기부금만 전달하는 것이 아니라, 루게릭병 환자와 그 가족들을 직접 찾아가 소통하고, 그들에게 희망과 용기를 전하는 데 힘써왔다.

그는 루게릭병 환자들을 위한 마라톤과 다양한 기부 캠페인에 적극 참여하며, 이 병에 대한 사회적 관심을 높이고 기부 문화를 확산하는 데 기여하고 있다. 션은 이러한 활동을 통해 물질적인 보상을 넘어서는 깊은 감정적 보상을 얻었으며, 봉사를 통해 더 큰 행복을 느낀다고 여러 차례 밝혀왔다.

그에게 가장 의미 있었던 순간 중 하나는 한 환자가 "형 덕분에 다시 희망을 가지게 되었어요"라고 말했던 일이다. 션은 그 순간, 자신의 기부가 단순히 돈을 나누는 행위를 넘어, 한 사람의 삶에 긍정적인 변화를 가져왔다는 것에 깊은 감동을 느꼈다고 고백했다. 그의 봉사와 기부는 단순한 나눔이 아니라, 누군가의 삶을 바꾸는 강력한 메시지가 되었다.

사회적 연대감을 강화하는 활동

션의 봉사활동에서 중요한 점은 소통과 이해다. 션은 많은 봉사활동을 하면서 다양한 사람들과 깊은 소통의 기회를 얻었다. 그가 만나고 도운 사람들은 단순히 도움을 받는 대상이 아니라, 션과 진정으로 마음을 나누는 관계로 발전하게 되었다. 션은 봉사활동을 통해 자신이 돕는 사람들의 이야기에 귀 기울이고 그들의 상황을 이해하며 진정으로 연대감을 형성한다.

션의 기부와 봉사활동은 개인적인 차원을 넘어 사회적 연대감을 강화하는 중요한 역할을 한다. 그는 기부를 삶의 일부분으로 여기며, 그가 속한 공동체와 더 큰 사회를 위해 무엇을 할 수 있을지를 끊임없이 고민해왔다. 션은 한 번의 기부가 아니라, 지속적인 참여와 변화를 추구한다. 그는 매년 연말에 '사랑의 연탄배달'에 참여하여, 기부자와 수혜자가 직접 만나는 기회를 만들었다. 이 활동에서 사람들은 연탄을 나누며 소통하고, 그 과정에서 서로의 삶에 대한 이해와 공감을 나누게 된다.

그뿐만 아니라, 션은 자신의 소셜 미디어를 활용해 기부와 봉사활동에 참여하도록 사람들을 격려하고, 다양한 사람들에게 나눔의 가치를 전달하는 역할도 한다. 그는 자신의 영향력을 사회적 연대감의 확산을 위해 사용하며, 이를 통해 더 많은 사람이 나눔의 기쁨을 느낄 수 있도록 돕고 있다. 션은 자신이 하는 일이 타인에게 어떤 변화를 가져오는지에 대해 큰 책임감을 느끼며, 그 변화가 자신뿐만 아니라 사회 전반에 긍정적인 영향을 미친다는 사실을 중요하게 여긴다.

기부와 봉사의 근본적인 가치

션의 활동을 통해 우리는 기부와 봉사의 근본적인 가치를 다시 한번 되새길 수 있다. 션의 기부활동은 단순히 자금을 전달하는 것이 아니라, 그가 기부한 것들을 통해 사람들과의 관계를 형성하고, 그 관계를 통해 상호 지원과 연대감을 심어주는 과정이다. 기부와 봉사활동을 하면서 그는 타인에게 영향을 미치면서도 자신도 그 과정에서 변화하고 성장하는 경험을 했다. 션의 봉사활동은 사람들과의 진정성 있는 소통과 연결을 중시하며, 이 과정에서 그가 얻은 감정적 보상은 물질적인 기부보다 더 큰 의미가 있다.

기부와 봉사는 결국 상호 연대와 공감을 통해 이루어지며, 그것이 개인에게도, 사회에게도 큰 변화를 일으키는 강력한 힘이 된다는 사실을 션은 자신의 삶을 통해 보여주고 있다.

사회적 환원의 경제적 효용과 지속 가능성

사회적 환원은 단순히 자선적인 성격만 있는 것이 아니다. 사실, 사회적 환원을 실천하는 것은 지속 가능한 발전을 위한 중요한 기반을 마련하는 것이다. 많은 기업이 사회적 책임을 다하기 위해 사회적 환원을 실천하고 있으며, 이는 장기적으로 기업과 사회 모두에게 이익을 가져다준다. 기업이 지속 가능성을 고려하여 지역 사회나 환경 보호를 위한 프로그램을 운영하는 경우, 그들은 단기적인 이익을 넘어 장기적으로 더 큰 사회적 가치를 창출하게 된다.

예를 들어, 대기업이 특정 지역의 교육이나 환경 보호 프로그램에 투자함으로써, 지역 주민들은 보다 질 높은 교육 기회와 건전한 환경을 제공받게 된다. 이러한 노력은 사회적 자본을 증진하며, 기업은 이를 통해 사회적 신뢰와 브랜드 가치를 높이는 동시에, 더 나아가 사회적 변화를 이끌어 낼 수 있다. 사회적 환원은 타인을 돕는 행위에 그치지 않고, 전체 사회의 지속 가능성을 높이는 중요한 전략으로 작용할 수 있다.

나눔의 심리적 효과와 행복감

많은 심리학 연구에서 타인을 돕는 행동이 개인의 행복과 정서적 안정을 증진시킨다는 사실이 밝혀졌다. 하버드대학과 브리티시컬럼비아대학 연구팀의 실험에 따르면, 사람들은 다른 사람을 위해 돈을 쓰거나 기부하는 활동을 할 때 '옥시토신과 엔도르핀' 같은 긍정적인 감정을 유발하는 호르몬이 증가하며, 주관적인 행복감이 증대된다고 한다. 도움의 대가를 기대하지 않는 순수한 나눔이 더 큰 만족감을 가져오는 것으로 나타났다. 이는 도움을 받은 사람이 어떻게 변화하고 긍정적인 영향을 받았는지를 직접 경험한 사람들에게 더욱 강한 감정적 보상을 안겨준다.

기부와 봉사활동을 하는 사람들은 자신이 선택한 행동이 사회에 미친 변화를 보고, 그로 인해 자신이 소중한 존재라는 것을 깨닫게 된다. 이처럼 나눔을 통해 개인은 심리적 안정과 행복감을 얻을 수 있으며, 그로 인해 더욱 긍정적인 삶을 살아갈 수 있다.

사회적 환원의 문화적 확산

사회적 환원과 나눔은 단지 개인의 차원을 넘어서, 문화적 가치로 확산될 수 있다. 이 가치가 사회적으로 확산되면, 사람들은 자연스럽게 사회적 책임을 다하는 것이 당연하다고 느낀다. 나눔의 가치는 점차 문화적 규범이 되어, 모든 사람이 상호 협력하고 서로를 돕는 것을 자연스럽게 받아들이게 된다.

사회적 환원을 장려하는 문화가 형성되면, 사람들은 어려운 상황에 처한 이들에게 자연스럽게 손을 내민다. 기부나 자원봉사가 사회적 규범으로 자리 잡을 때, 사회는 상호 연대와 협력의 문화를 유지하며, 그 사회는 더욱 지속 가능한 공동체로 발전하게 된다.

사회적 환원과 나눔의 가치는 물질적 풍요만을 추구하는 현대 사회에서 더욱 중요한 의미를 지닌다. 나눔은 내적 성장과 자아실현을 돕는 중요한 요소로, 타인과의 연결을 통해 개인의 정서적 안정을 이루게 한다. 사회적 환원은 지속 가능한 발전을 위한 필수적인 기반이 되며, 경제적 효용을 넘어서는 가치를 창출한다.

나눔은 사람들에게 행복감과 자기 존중감을 부여하고, 사회적으로는 문화적 확산을 이끌어 내는 중요한 역할을 한다. 결국, 나누는 삶은 행복한 삶이며, 이는 모든 사람의 삶을 더 풍성하고 의미 있게 만든다.

5
돈은 우리 삶의 창문

돈은 우리 삶을 고스란히 내보이는 창문이다. 이 간단한 문장 속에는 돈이 물질적 가치를 넘어 우리의 내면과 삶의 방식을 보여주는 창문 역할을 한다는 깊은 의미가 담겨 있다. 돈은 우리가 무엇을 중요하게 여기고, 어떤 선택을 하며, 어떤 삶을 살아가고 있는지를 그대로 반영한다. 돈이 어떻게 우리 삶의 창문이 되는지 단계별로 살펴보자.

1) 돈과 가치관: 우리가 진정으로 소중히 여기는 것

우리는 돈을 어디에 쓰는가? 어떤 물건을 사는가? 어떤 서비스를 이용하는가? 이러한 질문들은 우리가 진정으로 무엇을 소중히 여기는지를 보여준다. 예를 들어, 어떤 사람은 명품을 사는 데 큰돈을 쓰고, 어떤 사람은 여행이나 교육에 투자한다. 이는 각자의 가치관이 돈을 통해 표현된 결과다.

돈을 쓰는 방식은 단순히 소비를 넘어 우리의 삶의 목표와 철학을 반영한다. 돈을 모으는 데 집중하는 사람은 안정과 미래를 중요시하는 반면, 돈을 쓰는 데 거리낌이 없는 사람은 현재의 행복과 경험을 더 가치 있게 여길 수 있다. 이러한 선택들은 창문처럼 우리의 내면을 그대로 내보인다.

2) 돈과 선택: 우리의 삶을 결정짓는 순간들

돈은 우리의 선택에 큰 영향을 미친다. 우리는 매일 수많은 선택을 하며 살아가는데, 그 선택의 배경에는 항상 돈이 자리 잡고 있다. 어떤 직업을 선택할지, 어떤 집에서 살지, 어떤 학교에 다닐지, 심지어 어떤 사람과 결혼할지까지 돈은 우리의 결정에 중요한 변수로 작용한다.

이러한 선택들은 우리의 삶의 질을 결정짓는다. 돈이 많다고 해서 항상 행복한 삶을 사는 것은 아니지만, 돈이 없으면 선택의 폭이 좁아지고 삶의 질이 떨어질 수 있다. 따라서 돈은 우리가 어떤 삶을 살아갈지에 대한 중요한 기준이 된다.

3) 돈과 관계: 사람 사이의 연결고리

돈은 사람 사이의 관계에도 큰 영향을 미친다. 가족, 친구, 동료, 심지어 낯선 사람들과의 관계에서 돈은 중요한 역할을 한다. 돈을 어떻게 나누고, 어떻게 쓰고, 어떻게 관리하느냐에 따라 관계의 질이 달라질 수 있다.

가족 간에 돈 문제로 갈등이 생기면 관계가 틀어질 수 있지만, 돈을 통해 서로를 돕고 지원하면 관계가 더 돈독해질 수도 있다. 이를 보면 돈은 사람 사이의 신뢰와 이해를 나타내는 중요한 도구라는 것을 알 수 있다.

4) 돈과 행복: 진정한 행복을 찾는 길

돈이 많으면 행복할까? 아니면 돈이 없어도 행복할 수 있을까? 이 질문에 대한 답은 사람마다 다르다. 하지만 분명한 것은 돈이 행복의 유일한 조건은 아니라는 점이다.

돈을 통해 얻을 수 있는 물질적 풍요는 일시적인 만족을 줄 수 있지만, 진정한 행복은 돈으로 살 수 없는 것들에서 나온다. 사랑, 우정, 가족, 건강, 자아실현 등은 돈으로 대체할 수 없는 가치들이다.

5) 돈과 사회: 우리가 살아가는 세상의 반영

돈은 개인의 삶뿐만 아니라 사회 전체를 반영하는 프리즘이기도 하다. 한 사회의 경제적 구조, 분배 방식, 소비문화는 그 사회의 가치관과 문제점을 그대로 투영한다. 빈부 격차, 소득 불평등, 환경 문제 등은 돈과 관련된 사회적 이슈들이다.

우리는 돈을 통해 사회의 문제를 이해하고 해결책을 모색할 수 있다. 예를 들어, 공정한 분배를 통해 빈부 격차를 줄이고, 지속 가능한 소비를 통해 환경 문제 해결에 도움을 준다. 이렇게 돈의 흐름을 인식하고 책임감 있게 활용한다면, 개인의 이익을 넘어 사회 전체의 발전을 이끌어낼 수 있다.

6) 돈과 자기계발: 나를 성장시키는 도구

돈은 자기계발을 위한 중요한 도구이기도 하다. 교육, 독서, 여행, 취미 등은 돈을 통해 얻을 수 있는 경험들이다. 이러한 경험들은 우리의 지식과 경험을 넓히고, 삶의 질을 높이며, 궁극적으로는 우리를 성장시킨다.

돈을 자기계발에 투자하는 것은 지식을 쌓는 것뿐 아니라 자신의 잠재력을 발휘하고, 꿈을 이루는 데 중요한 역할을 한다. 돈은 우리가 더 나은 사람이 되기 위한 도구로 사용될 때 그 진정한 가치를 발휘한다.

7) 돈과 윤리: 올바른 돈의 사용법

돈은 우리의 윤리적 가치관도 시험한다. 돈을 어떻게 벌고, 어떻게 쓰고, 어떻게 나누는가는 우리의 도덕적 기준을 보여준다. 부정한 방법으로 돈을 벌거나 돈을 남용하는 것은 결국 자신과 사회에 해를 끼칠 수 있다.

반면 돈을 올바르게 사용하고 사회에 기여하는 것은 우리의 윤리적 가치를 높이는 일이다. 기부, 나눔, 사회적 책임은 돈을 통해 실현할 수 있는 윤리적 행동들이다. 돈은 우리의 도덕적 가치를 시험하고, 이를 통해 더 나은 사회를 만드는 데 기여할 수 있다.

8) 돈과 미래: 우리가 꿈꾸는 삶

돈은 우리의 미래를 결정짓는 중요한 요소다. 우리는 돈을 통해 미래를 준비하고, 꿈을 이루기 위해 노력한다. 저축, 투자, 재테크 등은 돈을 통해 미래를 설계하는 방법들이다.

하지만 돈만으로 미래를 보장할 수는 없다. 진정한 행복과 만족은 우리가 어떻게 삶을 살아가느냐에 달려 있다. 따라서 돈을 통해 미래를 준비하는 동시에, 자신의 가치관과 목표를 명확히 하는 것이 중요하다.

이처럼 돈은 물질적 가치를 넘어 우리의 내면과 삶의 방식을 그대로 드러낸다. 우리가 돈을 어떻게 벌고, 어떻게 쓰고, 어떻게 나누는가는 우리의 가치관, 선택, 관계, 행복, 사회적 책임, 윤리, 미래를 결정짓는 중요한 요소다. 돈은 우리가 진정으로 무엇을 소중히 여기고, 어떤 삶을 살아가고 있는지를 그대로 반영한다.

돈을 통해 더 나은 자신, 더 나은 관계, 더 나은 사회를 만들기 위해 노력할 때, 돈은 진정으로 우리 삶을 투영하는 창문으로서 그 가치를 발휘할 수 있다. 돈을 대하는 태도로 인해 우리가 추구하는 삶의 방향을 결정짓는다는 사실을 기억하자.

제5장

자아실현과 재정 독립

1. 자아실현을 위한 돈의 역할
2. 돈을 버는 목적과 목표 설정
3. 삶의 단계별 돈 관리법
4. 경제적 독립을 위한 전략

1
자아실현을 위한 돈의 역할

우리가 돈을 어떻게 벌고, 어떻게 쓰고, 어떻게 나누는가는 우리의 가치관을 반영하고, 삶의 방향을 결정하며, 궁극적으로 우리가 추구하는 자아의 모습을 실현하는 데 깊은 영향을 미친다. 돈에 대한 의식적인 선택이 좀더 의미 있는 삶으로 나아가는 첫걸음이 된다.

이런 관점에서 돈이 어떻게 자아실현과 연결되는지 살펴보자.

1) 돈과 매슬로의 욕구 5단계

매슬로의 욕구 5단계 이론은 인간의 동기를 이해하는 데 중요한 틀을 제공한다. 매슬로는 인간의 욕구를 생리적 욕구, 안전의 욕

매슬로의 욕구 5단계

구, 사회적 욕구, 존중의 욕구, 자아실현의 욕구로 나눈다. 이 이론에 따르면, 인간은 기본적인 욕구가 충족된 후에야 더 높은 수준의 욕구를 추구할 수 있다. 돈은 이러한 욕구를 충족시키는 데 중요한 역할을 한다.

① 생리적 욕구

매슬로의 욕구 중 가장 기본이 되는 단계는 바로 생리적 욕구다. 이 욕구는 인간이 생존하기 위해 반드시 충족해야 하는 가장 원초적이고 필수적인 요구를 말한다. 생리적 욕구가 충족되지 않으면 다른 상위 단계의 욕구를 추구하는 것은 거의 불가능하다. 따라서 이 욕구는 인간의 삶에서 가장 우선순위에 위치한다. 돈은 음식, 물, 의복, 주거 등 생존에 필요한 기본적인 욕구를 충족시킨다.

생리적 욕구는 인간의 생존을 유지하기 위해 필수적인 요소들로 이루어져 있다. 음식, 물, 공기, 수면, 적절한 체온 유지 등이 대표적이다. 이 욕구들은 바로 충족되어야 하는 긴급한 요구이며, 일시적으로 해결되더라도 시간이 지나면 반복적으로 다시 발생한다. 식사를 해도 몇 시간 후면 다시 배고픔을 느끼게 되고, 물을 마셔도 갈증은 다시 찾아온다. 이러한 반복적 충족은 생리적 욕구의 특징 중 하나다.

굶주림이나 갈증이 오래 지속되면 생명 자체가 위협받을 수 있다. 마찬가지로 충분한 수면이 없으면 신체와 정신이 피로에 지쳐 정상적인 기능을 유지하기 어려워진다. 따라서 생리적 욕구는 생존 그 자체와 직결된 문제다.

현대 사회에서는 대부분의 사람이 생리적 욕구를 비교적 쉽게 충족할 수 있다. 하지만 전쟁, 빈곤, 자연재해 등의 상황에서는 여전히 이 욕구가 충족되지 않는 경우가 많다. 이러한 상황에서 생리적 욕구의 충족은 최우선 과제가 된다. 예를 들어, 기아로 고통받는 지역에서는 음식과 물이 가장 중요한 자원이 되고, 이를 확보하기 위한 노력이 모든 활동의 중심이 된다.

② 안전의 욕구

생리적 욕구가 충족되면 인간은 그다음 단계인 '안전의 욕구'를 추구하기 시작한다. 안전의 욕구는 생리적 욕구와 마찬가지로 인간의 생존과 직결된 중요한 욕구이지만, 이번에는 단순히 생명을 유지하는 것을 넘어 '안정감과 보호'를 추구하는 데 초점이 맞춰진다. 이 욕구는 신체적, 정서적, 경제적 안전을 포함하며, 불확실성과 위협에서 벗어나고자 하는 인간의 본능적 욕망을 반영한다.

안전의 욕구는 일상생활에서 안정감을 느끼고, 미래에 대한 예측 가능성을 확보하려는 욕구다. 이는 불안정한 환경에서 벗어나 안전한 공간을 찾고자 하는 인간의 본능에서 비롯된다. 또한 신체적 위협, 질병, 재난, 폭력 등으로부터 자신을 보호하고자 하는 욕구가 포함된다. 또한 경제적 안정성, 직업의 안정성, 건강 보장 등도 이 욕구의 일부다.

안전의 욕구는 혼란과 불확실성 대신 질서와 구조를 선호하는 경향을 보인다. 규칙, 법, 제도 등은 이러한 욕구를 충족시키는 데 기여한다. 이러한 욕구는 인간이 안정된 환경에서 삶을 영위할 수 있도록 돕는다. 이 욕구가 충족되지 않으면 불안과 공포가 지속되며, 이는 정신적, 신체적 건강에 부정적인 영향을 미칠 수 있다. 예를 들어, 경제적 불안정은 스트레스를 유발하고, 신체적 위협은 지속적인 불안감을 초래할 수 있다.

현대 사회에서는 안전의 욕구가 다양한 형태로 나타난다. 직장에서의 안정적인 고용, 건강보험, 사회 복지 제도 등은 경제적 안전을 보장하기 위한 수단이다. 또한 치안 유지, 재난 대비 시스템, 의료 서비스 등은 신체적 안전을 위한 중요한 요소다. 그러나 전쟁, 경제 위기, 자연재해 등은 여전히 안전의 욕구를 위협하는 요인으로 남아 있다.

안전의 욕구는 생리적 욕구 다음으로 중요한 욕구로, 인간이 안정감과 보호를 추구하는 데 초점이 맞춰져 있다. 이 욕구는 신체적, 경제적, 정서적 안정을 포함하며, 불확실성과 위협으로부터 벗어나고자 하는 인간의 본능을 반영한다. 안전의 욕구가 충족되지 않으면 불안과 스트레스가 지속되며, 이는 삶의 질을 크게 저하시킬 수 있다. 따라서 안전의 욕구는 인간이 건강하고 안정된 삶을 영위하기 위해 반드시 충족되어야 하는 필수적인 단계다.

③ 사회적 욕구

안전의 욕구가 충족되면 인간은 그다음 단계인 '사회적 욕구', 또는 '소속감과 사랑의 욕구'를 추구하기 시작한다. 이 단계에서는 인간이 타인과의 관계를 형성하고, 소속감을 느끼며, 사랑과 관심을 주고받고자 하는 욕구가 중심이 된다. 사회적 욕구는 인간이 단순히 생존하는 것을 넘어 '의미 있는 관계'를 통해 정서적 안정과 행복을 추구하는 단계로, 인간의 사회적 본성을 잘 보여준다.

타인과의 관계를 통해 정서적 유대감을 형성하고, 이를 통해 외로움과 고립감을 극복하려 한다. 가족, 친구, 동료, 연인 등과의 관계는 이러한 욕구를 충족시키는 중요한 요소다. 또한 특정 집단이나 공동체에 소속되기를 원한다. 이는 가족, 친구 그룹, 직장, 종교 단체, 동호회 등 다양한 형태로 나타난다. 소속감은 자신이 어디에 속해 있는지를 명확히 함으로써 정체성을 확립하고 안정감을 제공한다.

사회적 욕구는 인간의 정서적 안정과 행복에 큰 영향을 미친다. 이 욕구가 충족되지 않으면 외로움, 고립감, 소외감 등을 느끼게 되며, 이는 우울증, 불안장애 등 정신 건강 문제로 이어질 수 있다.

사회적 욕구가 충족되면 인간은 심리적 안정감을 느끼고, 삶에 대한 만족도가 높아진다. 사회적 관계는 스트레스를 완화하고, 어려운 상황에서 지지받는 데 중요한 역할을 한다.

현대 사회에서는 기술의 발달로 인해 사회적 관계의 형태가 다양해졌다. 인터넷과 소셜 미디어는 물리적 거리에 구애받지 않고 관계를 형성할 수 있는 새로운 방식을 제공한다. 그러나 이러한 기술은 진정한 정서적 유대감을 대체하기보다는 보조적인 역할을 할 뿐이다. 여전히 인간은 얼굴을 마주 보고 교감하며, 깊은 관계를 형성하는 것을 통해 사회적 욕구를 충족한다.

개인주의가 확산되면서 고립감과 외로움을 호소하는 사람들이 늘어나고 있다. 이는 사회적 욕구가 충족되지 않을 때 발생하는 문제를 잘 보여준다. 따라서 가족, 친구, 지역 사회와의 관계를 강화하고, 사회적 연결망을 구축하는 것이 중요하다.

사회적 욕구는 안전의 욕구가 충족된 후에야 본격적으로 추구된다. 안전한 환경이 조성되어야 인간은 타인과의 관계를 형성하고, 소속감을 느끼는 데 집중할 수 있다. 경제적 안정이 보장되지 않은 상태에서는 사회적 관계를 형성하는 데 어려움을 겪을 수 있다. 따라서 사회적 욕구는 안전의 욕구를 기반으로 성립된다.

④ 존중의 욕구

사회적 욕구가 충족되면 인간은 그다음 단계인 '존중의 욕구'를 추구하기 시작한다. 존중의 욕구는 자신에 대한 존중과 타인으로부터의 존중을 통해 자신의 가치를 확인하고자 하는 욕구로, 인간이 자아실현으로 나아가기 위한 중요한 단계다. 이 욕구는 자신에 대한 긍정적인 평가와 타인의 인정을 통해 자신감과 자부심을 얻고자 하는 욕구를 반영한다.

존중의 욕구 특징은 자신의 능력, 성과, 가치를 인정하고 긍정적으로 평가하려는 욕구다. 이는 자신감, 독립성, 성취감 등을 통해 충족된다. 타인으로부터 인정받고 존중받으며, 사회적으로 가치 있는 존재로 대우받고자 하며 이는 명예, 지위, 권위, 인정 등을 통해 충족된다.

단순히 현재의 상태를 유지하는 것을 넘어, 끊임없이 성장하고 성취하려는 존중의 욕구는 인간의 정체성과 자아 존중감을 형성하는 데 중요한 역할을 한다. 이 욕구가 충족되면 인간은 자신에 대해 긍정적으로 생각하고, 자신의 능력을 믿으며, 목표를 향해 나아갈 수 있는 동기를 얻는다. 반면 존중의 욕구가 충족되지 않으면 열등감, 무능력감, 좌절감 등을 느끼게 되며 이는 우울증, 불안장애 등 정신 건강 문제로 이어질 수 있다.

존중의 욕구는 사회적 관계에도 영향을 미친다. 자신에 대한 존중이 충족된 사람은 타인과의 관계에서도 더 건강하고 긍정적인 태도를 보일 가능성이 크다. 이에 반해 존중의 욕구가 충족되지 않은 사람은 타인에게 의존적이거나 과도하게 경쟁적이 될 수 있다.

성과와 능력을 중시하는 경향이 강해지면서 존중의 욕구가 더욱 중요해졌다. 직장에서의 승진, 학업 성적, 사회적 지위 등은 존중의 욕구를 충족시키는 주요 수단으로 작용한다. 그러나 이러한 외적인 성공만을 추구할 경우, 진정한 자아 존중감을 얻기 어려울 수 있다. 진정한 존중의 욕구 충족은 외적인 성공뿐만 아니라 내적인 성찰과 자기 수용을 통해 이루어져야 한다.

소셜 미디어의 확산은 타인으로부터의 인정을 얻는 새로운 방식을 제공한다. 그러나 이러한 인정은 종종 일시적이고 피상적일 수 있으며, 진정한 자아 존중감을 대체하기는 어렵다. 따라서 외적인 인정보다는 내적인 성장과 자기 수용을 통해 존중의 욕구를 충족시키는 것이 중요하다.

존중의 욕구는 사회적 욕구가 충족된 후에야 본격적으로 추구된다. 타인과의 관계를 통해 소속감과 사랑을 느낀 후, 인간은 그 관계 속에서 자신의 가치를 확인하고 존중받기를 원한다. 가족이나 친구로부터 사랑받는 것뿐만 아니라, 그들로부터 인정받고 존중받는 것도 중요하다. 따라서 존중의 욕구는 사회적 욕구를 기반으로 성립된다.

⑤ 자아실현의 욕구

존중의 욕구가 충족되면 인간은 마침내 '자아실현의 욕구'를 추구하기 시작한다. 자아실현의 욕구는 매슬로의 욕구 5단계 이론에서 가장 높은 단계에 위치하며, 인간이 자신의 잠재력을 최대한 발휘하고, 자신의 진정한 목적과 의미를 찾아 나아가는 단계다. 이 욕구는 단순히 생존하거나 안정을 유지하는 것을 넘어, '자신의 존재 가치를 실현'하고, 창의적이고 의미 있는 삶을 살고자 하는 욕구를 반영한다.

자아실현의 욕구는 자신의 재능, 능력, 창의성을 최대한 발휘하고자 하는 욕구다. 이는 개인이 자신의 고유한 잠재력을 깨닫고 이를 실현하기 위해 끊임없이 성장하고 발전하려는 욕구를 포함하며, 새로운 경험을 추구하고 자신의 한계를 넘어서려는 노력을 통해 충족된다.

이러한 욕구는 단순히 개인의 성공을 넘어, 삶의 의미와 목적을 찾고자 하는 욕구다. 이는 자신의 존재 가치를 깨닫고, 더 큰 목적을 위해 기여하려는 태도를 포함한다.

자아실현의 욕구는 인간이 궁극적으로 추구하는 가장 높은 단계의 욕구로, 개인의 성장과 행복에 결정적인 역할을 한다. 이 욕구가 충족되면 인간은 자신의 잠재력을 최대한 발휘하고, 창의적이며 의미 있는 삶을 살 수 있다. 또한 자아실현은 개인의 내적 만족감과 행복을 높이며, 사회에 긍정적인 기여를 할 수 있는 기반을 마련한다.

자아실현의 욕구가 충족되지 않으면 개인은 자신의 삶에 대한 불만족감과 공허함을 느낄 수 있다. 이는 심리적 불안정과 무기력증으로 이어질 수 있으며, 삶의 목적과 방향을 상실하게 만들 수 있다. 따라서 자아실현의 욕구는 인간이 궁극적인 행복과 만족을 얻기 위해 반드시 충족되어야 하는 욕구다.

물질적 풍요와 기술의 발달로 인해 생리적, 안전, 사회적, 존중의 욕구를 비교적 쉽게 충족할 수 있게 되었다. 그러나 이러한 외적인 조건들이 자아실현의 욕구를 자동으로 충족시키지는 않는다. 자아실현은 개인의 내적 성찰, 자기 이해, 창의적 표현, 삶의 의미 탐구 등을 통해 이루어지는 깊은 과정이다.

경쟁과 성과 중심의 문화가 자아실현의 욕구를 왜곡할 수 있다. 사회적 지위나 물질적 성공만을 추구할 경우, 진정한 자아실현을 이루기 어려울 수 있다. 따라서 외적인 성공보다는 내적인 성장과 자기 이해를 통해 자아실현의 욕구를 충족시키는 것이 중요하다.

자아실현의 욕구는 존중의 욕구가 충족된 후에야 본격적으로 추구된다. 자신에 대한 존중과 타인으로부터의 존중이 충족되어야 비로소 개인은 자신의 잠재력을 탐구하고, 창의적이며 의미 있는 삶을 살기 위한 여유와 동기를 얻을 수 있다. 자신의 능력을 인정받고 존중받은 사람은 더 큰 목표를 설정하고, 이를 달성하기 위해 노력할 가능성이 크다.

2) 돈과 자아실현: 진정한 자기 자신이 되는 길

자아실현은 개인이 자신의 잠재력을 완전히 실현하고, 진정한 자기 자신이 되는 과정이다. 이 과정에서 돈은 개인의 성장과 발전을 위한 중요한 도구로 작용한다. 돈을 통해 우리는 교육, 자기계발,

창의적 활동, 사회적 기여 등을 할 수 있으며, 이를 통해 자신의 잠재력을 발휘하고 삶의 의미를 찾아 나갈 수 있다.

① 교육과 자기계발 지원

교육과 자기계발은 자아실현을 이루기 위해 꼭 필요하다. 돈은 이러한 과정에서 필요한 자원으로, 개인이 지식을 습득하고 기술을 개발하며 자신의 역량을 확장할 기회를 제공한다. 다음은 돈이 교육과 자기계발에 어떻게 기여하는지에 대한 구체적인 예시들이다.

- **고등 교육과 전문 교육의 기회 확대:** 돈은 대학, 대학원, 전문학교 등 고등 교육 기관에서의 학습 기회를 제공한다. 의사, 변호사, 엔지니어 등 전문직 종사자들은 고등 교육을 통해 전문 지식과 기술을 습득하며, 이를 통해 자신의 잠재력을 실현한다. 해외 유학이나 명문 대학 진학과 같은 높은 수준의 교육은 상당한 비용이 들지만, 이를 통해 개인은 세계적 수준의 지식과 경험을 얻을 수 있다. 해외 유학을 통해 새로운 문화를 경험하고 글로벌 네트워크를 형성하며 자신의 시야를 넓히는 것은 자아실현에 큰 도움이 된다.

- **자기계발 프로그램과 강좌 참여:** 돈은 다양한 자기계발 프로그램, 온

라인 강좌, 워크숍, 세미나 등에 참여할 수 있는 기회를 제공한다. 코딩, 디자인, 마케팅, 외국어 등 다양한 분야의 온라인 강좌를 통해 개인은 새로운 기술을 배우고, 자신의 역량을 확장할 수 있다. 명사들의 강연이나 전문가들의 멘토링 프로그램에 참여하는 것도 돈을 통해 가능하다. 이러한 프로그램은 개인의 시야를 넓히고, 새로운 목표를 설정하는 데 큰 도움을 준다.

- **도서 구매와 지식 습득**: 돈은 책, 잡지, 학술지, 전자책 등 다양한 지식 자료를 구매할 수 있는 기회를 제공한다. 자기계발서, 전문 서적, 철학서 등을 통해 개인은 깊이 있는 지식을 습득하고, 자신의 사고를 확장할 수 있다. 도서 구독 서비스나 온라인 강의 플랫폼을 이용하면, 비교적 저렴한 비용으로도 다양한 지식을 접할 수 있다.

- **시간과 자유의 확보**: 돈은 자기계발에 집중할 수 있는 시간과 자유를 제공한다. 경제적 여유가 있는 사람은 일상의 생계 문제에서 벗어나 자신의 관심사에 더 많은 시간을 투자할 수 있다. 경제적 자유를 통해 개인은 직장을 그만두고 새로운 분야에 도전하거나 창의적인 프로젝트를 시작할 수 있다. 작가, 예술가, 기업가 등은 경제적 여유를 바탕으로 자신의 꿈을 실현한다.

- **멘토와 코치의 도움**: 돈은 전문 멘토나 코치의 도움을 받을 수 있는 기회를 제공한다. 경력 개발, 리더십 훈련, 창업 코칭 등 전문가의 지도를 받으면, 개인은 더 빠르고 효과적으로 자신의 목표를 달성할 수 있다. 멘토링은 단순히 지식을 전달하는 것을 넘어, 개인의 잠재력을 깨우치고, 방향성을 제시하는 데 큰 역할을 한다.

- **실험과 실패의 기회**: 돈은 개인이 새로운 것을 시도하고, 실패를 경험할 수 있는 기회를 제공한다. 창업을 시도하거나 새로운 취미를 시작하거나 창의적인 프로젝트를 진행하는 데는 초기 비용이 필요하다. 이러한 실험과 실패는 개인의 성장에 필수적인 과정이다. 돈은 이러한 과정을 가능하게 하는 안전망 역할을 한다.

② 창의적 활동 지원

창의적 활동은 자신의 독창적인 아이디어를 표현하고, 새로운 가치를 창출하는 과정이다. 돈은 이러한 창의적 활동을 지원하는 데 중요한 역할을 한다. 창의성은 단순히 예술적 활동에만 국한되지 않으며, 과학, 기술, 비즈니스, 사회적 기여 등 다양한 분야에서 발휘될 수 있다. 돈은 이러한 창의적 활동이 원활하게 이루어질 수 있는 환경을 조성하고, 자신의 잠재력을 마음껏 발휘할 수 있도록 돕는다.

화가가 그림을 그리기 위해 캔버스, 물감, 붓 등이 필요하고, 음악가가 악기를 구매하거나 스튜디오를 대여하려면 비용이 든다. 작가, 디자이너, 프로그래머 등도 각자의 창의적 활동을 위해 전문 도구, 소프트웨어, 장비 등이 필요하며, 이는 돈을 통해 구매할 수 있다.

창의적 활동은 종종 집중과 몰입이 필요한데, 이를 위해서는 시간과 공간이 필요하다. 돈은 생계 문제에서 벗어나 창의적 활동에 전념할 수 있는 여유를 제공한다. 작가가 책을 쓰거나, 예술가가 작품을 만들기 위해 일상의 생계 문제에서 벗어나 집중할 수 있는 시간과 공간을 제공해 주는 것은 바로 돈이다. 한 음악가는 창작에 몰입하기 위해 시골에 작업실을 마련했다. 이 공간은 그의 창의적 아이디어가 꽃피는 데 중요한 역할을 했다.

이처럼 돈은 창의적 활동을 지원하는 데 필수적인 도구다. 필요한 자원을 제공하고, 시간과 공간을 확보하며, 실험과 실패의 기회를 제공하고 창의적 결과물을 세상에 알리는 데도 중요한 역할을 한다. 이러한 과정을 통해 개인은 자신의 독창적인 아이디어를 실현하고, 진정한 자기 자신이 되는 길을 찾을 수 있다.

③ 사회적 기여

사회적 기여는 개인이 자신의 능력과 자원을 활용하여 사회에 긍정적인 영향을 미치는 활동이다. 돈은 이러한 사회적 기여를 가능하게 하는 중요한 도구로, 자신의 가치를 실현하고, 더 큰 목적을 위해 공헌할 수 있는 기회를 제공한다. 사회적 기여는 교육, 환경 보호, 문화 발전, 지역 사회 활성화 등 다양한 형태로 이루어질 수 있다. 돈은 이러한 활동이 지속 가능하게 이루어질 수 있는 기반을 마련한다.

돈은 교육 기회를 확대하고, 지식을 공유하는 데 중요한 역할을 한다. 장학기금을 조성하거나, 교육 시설을 개선하는 데 투자함으로써 더 많은 사람이 양질의 교육을 받을 수 있도록 지원할 수 있다. 또한 개인이나 기업이 교육 프로그램을 개발하거나, 강좌를 무료로 제공하는 데도 자금이 필요하다.

돈은 환경 보호 활동을 지원하고, 지속 가능한 미래를 위한 프로젝트를 진행하는 데 필수적이다. 재생 에너지 시설을 건설하거나, 환경 보호 단체에 기부하는 데는 상당한 비용이 소요된다. 친환경 제품을 개발하거나, 환경 교육 프로그램을 운영하는 데도 자금이 요구된다.

돈은 문화와 예술 활동을 지원함으로써 사회의 정서적 풍요를 증진시킬 수 있다. 미술관, 박물관, 공연장 등을 건립하거나, 예술가들을 후원하는 데는 비용이 필요하다. 또한 지역 문화 축제를 개최하거나, 전통문화를 보존하는 데도 자원이 투입된다.

지역 사회의 경제적, 사회적 활성화를 지원하는 데 돈은 중요한 역할을 한다. 소규모 사업체를 지원하거나, 지역 인프라를 개선하는 데 투자함으로써 지역 사회의 발전을 도모할 수 있다. 지역 주민들을 위한 복지 프로그램이나 커뮤니티 센터를 운영하는 데도 자금이 소모된다.

자연재해, 전쟁, 질병 등으로 어려움을 겪는 사람들에게 긴급 구호와 인도적 지원을 제공하는 데도 자원은 필수적이다. 구호 물품을 구매하거나, 의료 시설을 설치하는 데는 상당한 비용이 발생한다. 난민 지원, 식수 공급, 의료 서비스 제공 등 다양한 인도적 활동을 위해서도 재정적인 뒷받침이 필요하다.

이처럼 돈은 사회적 기여를 가능하게 하는 중요한 도구다. 교육과 지식 공유, 환경 보호, 문화와 예술 지원, 지역 사회 활성화, 긴급 구호와 인도적 지원 등 다양한 형태의 사회적 기여는 돈을 통해 이루어진다. 이러한 활동은 개인이 자신의 가치를 실현하고, 더 큰 목적을 위해 기여할 수 있는 기회를 제공한다.

3) 돈과 행복: 진정한 행복을 찾는 길

돈과 행복의 관계는 복잡하다. 돈이 많다고 해서 항상 행복한 것은 아니지만, 돈이 없으면 선택의 폭이 좁아지고 삶의 질이 떨어질 수 있다. 진정한 행복은 돈으로 살 수 없는 것들에서 나온다. 사랑, 우정, 가족, 건강, 자아실현 등은 돈으로 대체할 수 없는 가치들이다.

물질적 풍요

물질적 풍요는 돈을 통해 얻을 수 있는 유형의 자원과 혜택을 의미한다. 이는 기본적인 생계유지부터 고급 생활 수준까지 다양한 형태로 나타난다. 물질적 풍요는 삶의 편의를 높이고, 선택의 폭을 넓히며, 외적인 안정감을 제공한다.

돈은 음식, 주거, 의료, 교육 등 기본적인 필요를 충족시킨다. 이러한 필요가 충족되지 않으면 인간은 생존 자체가 위협받을 수 있다. 안정적인 수입이 있는 사람은 굶주림이나 노숙과 같은 극단적인 불안에서 벗어날 수 있다.

돈은 더 나은 주거 환경, 고급 의료 서비스, 양질의 교육, 여가활동 등을 제공한다. 이는 삶의 질을 크게 향상시킬 수 있다. 여행, 취미 활동, 문화생활 등은 돈을 통해 가능한 것들로 행복감을 높이는 데 도움을 준다.

　돈은 원하는 삶을 선택할 수 있는 자유를 제공한다. 예를 들어, 원하는 직업을 선택하거나, 원하는 곳에서 살 수 있는 여유를 준다. 경제적 자유는 스트레스를 줄이고, 자신의 목표를 추구할 수 있는 기반을 마련한다.

　물질적 풍요가 행복의 기반을 제공하는 것은 분명하지만, 이를 넘어서는 행복을 보장하지는 않는다. 연구에 따르면, 일정 수준 이상의 소득은 행복에 큰 영향을 미치지 않는다. 물질적 풍요에만 집중할 경우, 정신적 공허감과 소외감을 느낄 수 있다.

정신적 풍요

　정신적 풍요는 인간의 내면에서 우러나오는 만족감과 행복을 의미한다. 이는 사랑, 우정, 가족, 건강, 자아실현 등 돈으로 대체할 수 없는 가치들로 이루어진다. 정신적 풍요는 물질적 풍요와 달리, 외부 조건에 의존하지 않고 내면에서 찾아야 하는 것이다.

　사랑이나 우정, 가족과의 관계는 인간에게 깊은 행복을 제공한다. 이러한 관계는 진정한 정서적 유대감을 형성한다. 가족과의 따뜻한 대화, 친구와의 소중한 시간, 연인과의 깊은 교감은 돈으로 대체할 수 없는 가치다.

　건강은 행복의 핵심 요소다. 돈으로 최고의 의료 서비스를 받을 수는 있지만, 진정한 건강은 신체적, 정신적, 감정적 균형에서 나온다. 규칙적인 운동, 균형 잡힌 식습관, 스트레스 관리 등은 돈 없이도 실천할 수 있는 건강한 삶의 요소들이다.

자아실현은 개인이 자신의 잠재력을 최대한 발휘하고, 삶의 의미를 찾는 과정이다. 이는 돈으로 살 수 없는 내면의 성취감과 만족감을 제공한다. 창의적인 활동, 봉사, 목표 달성 등은 개인에게 깊은 행복과 목적의식을 준다.

감사하는 마음과 마음의 평화는 정신적 풍요의 핵심이다. 이는 외부 조건에 의존하지 않고, 내면에서 찾아야 하는 가치다. 작은 것에 감사하며 현재를 즐기는 태도는 돈 없이도 행복을 느낄 수 있는 방법이다.

정신적 풍요는 외부 조건에 영향을 받지 않으며, 지속 가능한 행복을 제공한다. 이는 개인의 내면적 성장과 자기 이해를 통해 얻을 수 있다.

돈은 기본적인 필요를 충족시키고, 삶의 질을 향상시키는 데 중요한 역할을 하지만, 정신적 풍요 없이는 진정한 행복을 얻기 어렵다. 반대로, 정신적 풍요만으로는 현실적인 어려움을 해결하기 어려울 수 있다.

미국의 심리학자 토머스 길로비치(Thomas Gilovich)의 '소비와 행복의 관계'에 대한 연구에 따르면, 물질적 소유보다는 경험을 통해 더 큰 행복을 느낀다고 한다. 여행, 취미, 인간관계 등은 돈을 쓰더라도 정신적 풍요를 제공한다. 이는 돈을 단순히 소비하는 것이 아니라, 경험과 성장에 투자하는 방식으로 사용하는 것이다.

타인을 위해 돈을 사용하는 것은 정신적 풍요를 높이는 데 큰 역할을 한다. 기부, 봉사, 사회적 기여 등은 개인에게 깊은 만족감과 행복을 준다. 이는 돈을 통해 자신의 가치를 실현하고, 더 큰 목적을 위해 도움이 되는 방법이다.

물질적 풍요는 기본적인 필요를 충족시키고, 삶의 질을 향상시키는 데 중요한 역할을 하지만, 진정한 행복은 정신적 풍요에서 나온다. 사랑, 우정, 가족, 건강, 자아실현 등은 돈으로 대체할 수 없는 소중한 것들이다. 따라서 진정한 행복을 찾기 위해서는 물질적 풍요와 정신적 풍요의 균형을 추구해야 한다.

2
돈을 버는 목적과 목표 설정

 돈을 버는 목적과 목표는 인생을 살아가는 데 있어 나침반과 같은 역할을 한다. 돈은 단순히 생계를 유지하는 도구를 넘어, 우리의 꿈과 목표를 실현하는 수단이자, 더 나은 삶을 위한 기반이 된다. 그러나 돈을 버는 목적이 명확하지 않다면, 우리는 단순히 돈에 끌려다니는 삶을 살게 될 수 있다.
 돈을 버는 목적과 목표를 명확히 설정하는 것이 왜 중요한지, 그리고 어떻게 이를 실현할 수 있는지 살펴보자.

1) 왜 돈을 벌어야 하는가?

 돈을 버는 목적은 단순히 생존을 넘어, 우리의 삶에 의미와 가치를 부여하는 데 있다. 돈은 우리에게 선택의 자유를 주고, 꿈을 실현할 수 있는 기회를 제공한다. 그러나 돈을 버는 목적이 명확하지 않다면, 우리는 돈에 휘둘리며 방향을 잃을 수 있다.

생계유지와 안정

돈은 가장 기본적으로 먹고사는 문제를 해결한다. 주거, 의료, 교육 등 기본적인 필요를 충족시키는 데 필수적이다. 안정적인 수입이 없다면 굶주림, 노숙, 질병 등 생존 자체가 위협받을 수 있다.

선택의 자유

돈은 우리가 원하는 삶을 선택할 수 있는 자유를 준다. 예를 들어, 원하는 직업을 선택하거나, 원하는 곳에서 살 수 있는 여유를 제공한다. 경제적 자유는 스트레스를 줄이고, 개인이 자신의 목표를 추구할 수 있는 기반을 마련한다.

꿈과 목표 실현

돈은 우리의 꿈과 목표를 실현하는 데 필요한 자원이다. 예를 들어, 창업, 여행, 예술 활동 등은 돈을 통해 가능하며 개인의 성장과 자아실현을 지원한다.

타인을 위한 기여

돈은 타인을 돕고, 사회에 기여하는 데 사용될 수 있다. 기부, 봉사, 사회적 기여 등은 개인에게 깊은 만족감을 준다. 돈을 통해 더 큰 목적을 실현하고, 세상을 더 나은 곳으로 만드는 데 기여할 수 있다.

2) 어떻게 목표를 설정할 것인가?

돈을 버는 목표는 단기적, 중기적, 장기적으로 나누어 설정할 수 있다. 목표를 명확히 설정하면 우리는 더 체계적으로 돈을 벌고 관리할 수 있다. 목표 설정은 삶의 방향성을 정하고 꿈을 실현하는 데 중요한 역할을 한다. 이제 각 단계별 목표 설정 방법을 좀 더 상세히 살펴보자.

단기목표: 현재의 필요를 충족시키는 데 초점을 맞추다

단기목표는 일반적으로 1년 이내에 달성할 수 있는 목표를 말한다. 이 목표는 현재의 필요를 충족시키고, 즉각적인 성취감을 제공하며, 더 큰 목표를 위한 기반을 마련한다.

- 예시
  - 생활비 충당: 월급으로 생활비를 충당하고, 남은 금액을 저축하는 것.
  - 소액 저축 시작: 매달 10만 원씩 저축하여 1년 후 120만 원을 모으는 것.
  - 소비 습관 개선: 불필요한 지출을 줄이고, 절약한 금액을 저축하는 것.

단기목표눈 구체적이고 명확한 목표 설정이 중요하다. "저축을 한다"보다는 "매달 10만 원씩 저축하여 1년 후 120만 원을 모은다"와 같이 실현 가능한 목표를 설정하여 현재의 수입과 지출을 고려하여 현실적인 목표를 세운다. 단기목표는 빠르게 달성할 수 있어 성취감을 제공하며, 이는 더 큰 목표를 향한 동기 부여가 된다.

중기목표: 중간 단계의 성취를 통해 꿈에 한 발짝 다가가다

중기목표는 일반적으로 1년에서 5년 사이에 달성할 수 있는 목표를 말한다. 이 목표는 단기목표보다 더 큰 규모의 재정적 성취를 이루는 데 초점을 맞춘다.

- 예시
  - 여행 자금 마련: 1년 후 유럽 여행을 위해 500만 원을 모으는 것.

- 교육 비용 마련: 2년 후 대학원 진학을 위해 1,000만 원을 모으는 것.
- 자동차 구매: 3년 후 중고차 구매를 위해 2,000만 원을 모으는 것.

중기목표는 목표의 구체화가 중요하다. "여행을 간다"보다는 "1년 후 유럽 여행을 위해 500만 원을 모은다"와 같이 구체적인 목표를 세우고, 목표를 달성하기 위해 단계별로 나누어 계획을 세운다. 중기목표는 시간이 다소 길기 때문에, 상황에 따라 목표를 조정할 수 있는 유연성이 필요하다.

장기목표: 미래를 위한 큰 그림을 그리다

장기목표는 일반적으로 5년 이상의 시간이 필요한 목표를 말한다. 이 목표는 인생의 큰 그림을 그리는 데 초점을 맞추며, 재정적 독립과 안정을 이루는 데 중요한 역할을 한다.

- 예시
  - 주택 마련: 10년 후 주택 마련을 위해 3억 원을 모으는 것.
  - 은퇴 자금 마련: 30년 후 은퇴를 위해 5억 원을 모으는 것.
  - 자녀 교육비 마련: 15년 후 자녀 대학 등록금을 위해 5,000만 원을 모으는 것.

장기목표는 명확한 비전을 설정하는 것이 중요하다. "은퇴 후 안정적인 생활을 한다"보다는 "30년 후 은퇴를 위해 5억 원을 모은다"와 같이 명확한 비전을 세운다. 이는 단순히 저축만으로 달성하기 어려울 수 있다. 따라서, 투자 전략을 통해 자산을 늘리는 방법을 고려한다. 장기목표는 시간이 길기 때문에, 주기적으로 목표를 점검하고 조정하는 것이 필요하다.

목표 설정은 돈을 벌고 관리하는 데 있어 가장 중요한 첫걸음이다. 단기, 중기, 장기목표를 명확히 설정하면, 우리는 더 체계적으로 돈을 벌고 관리할 수 있다. 단기목표는 현재의 필요를 충족시키고, 중기목표는 중간 단계의 성취를 이루며, 장기목표는 미래를 위한 큰 그림을 그리는 데 도움이 된다. 목표를 설정하고, 이를 달성하기 위해 꾸준히 노력한다면, 우리는 더 나은 삶을 설계할 수 있다.

3) 돈을 버는 목적과 목표의 중요성

우리는 일상생활에서 끊임없이 돈을 벌고, 소비하며, 때로는 돈을 모으기도 한다. 하지만 단순히 돈을 버는 행위를 넘어, 그 목적과 목표를 명확히 하는 것은 개인의 삶에 더욱 깊은 의미와 방향성을 부여한다. 그렇다면 우리는 왜 돈을 버는 목적을 가져야 하며, 목표 설정이 왜 중요한지 살펴보자.

먼저, 돈을 버는 목적이 분명해야 하는 이유는 삶의 가치와 연결되기 때문이다. 목적이 없는 돈벌이는 마치 나침반 없이 항해하는 배와 같다. 돈을 많이 벌었음에도 불구하고 허무함을 느끼는 사람들의 사례를 보면, 대부분 명확한 목적이 없는 경우가 많다. 예를 들어, 가족을 위한 안정적인 삶, 자신이 꿈꾸는 사업을 위한 자금 마련, 혹은 사회에 기여하기 위한 기부와 같은 목적이 있으면 돈을 버는 행위 자체가 단순한 노동을 넘어 가치 있는 활동으로 바뀐다.

다음으로, 목표 설정은 돈을 벌어 나가는 과정에서 구체적인 방향을 제시한다. '많은 돈을 벌겠다'라는 막연한 목표보다는 '5년 안에 1억 원을 저축하겠다'와 같은 구체적인 목표가 동기부여에 효과적이다. 목표는 장기적인 계획을 수립하게 하고, 그 과정에서 단계별 전략을 세우도록 돕는다. 또한 목표를 이루는 과정에서 성취감을 경험하게 되어 더욱 적극적으로 돈을 관리하고 운용할 수 있는 능력이 길러진다.

돈을 버는 목적과 목표는 서로 긴밀하게 연결되어 있다. 목적은

'왜'를 설명하고, 목표는 '어떻게'를 설명한다. 사회적 기업을 설립하여 취약계층을 돕고자 하는 목적이 있다면, 이를 위해 필요한 자금을 마련하기 위한 구체적인 목표를 세울 수 있다. 이 두 가지가 조화를 이루면 돈을 버는 과정이 단순히 수익 창출에 그치지 않고, 자신의 가치와 신념을 실현하는 수단이 된다.

돈을 효율적으로 관리하는 데도 도움을 준다. 목적이 명확하면 불필요한 소비를 줄이고, 자신이 세운 목표를 달성하기 위해 자원을 효율적으로 분배할 수 있다. 자녀의 교육을 위한 자금을 마련하는 것이 목적이라면, 소비 습관을 점검하고 교육 관련 저축 상품을 활용하는 등 전략적인 접근이 가능해진다.

돈을 버는 목적과 목표를 설정하는 것은 개인의 성장과도 연결된다. 목표를 달성하기 위해 필요한 역량을 키우고, 다양한 경험을 쌓는 과정에서 자신을 더욱 단단하게 만들 수 있다.

목적이 있는 돈벌이는 삶에 의미를 부여하고, 목표는 그 의미를 현실로 만드는 길을 안내한다. 자신만의 목적과 목표를 설정하고 이를 향해 나아가는 사람은 돈을 통해 물질적 풍요를 넘어 삶의 가치를 더욱 깊이 있게 만들어갈 수 있다.

3
삶의 단계별 돈 관리법

 인생은 여러 단계로 이루어져 있으며, 각 단계마다 재정적 필요와 목표가 다르다. 젊은 시절부터 노년까지, 각 단계에서 어떻게 돈을 관리해야 하는지 이해하는 것은 안정적인 미래를 위한 필수적인 과정이다. 삶의 단계별 돈 관리법을 통해 우리는 각 시기에 맞는 재정적 전략을 세우고, 더 나은 삶을 설계할 수 있다.

1) 청년기(20대~30대 초반): 기반을 다지는 시기

 청년기는 인생의 기반을 다지는 시기다. 이 시기에는 교육, 직업, 결혼 등 중요한 결정을 내려야 하며, 재정적 기반을 마련하는 것이 핵심이다. 청년기에는 교육과 자기계발에 투자하는 것이 중요하다. 학비, 자격증, 전문 기술 습득 등은 미래의 수입을 높이는 데 필수적이다. 대학 교육, 직업 훈련, 자격증 취득을 위한 온라인 강좌 등은 장기적으로 높은 수익을 가져다줄 수 있다.

저축과 투자 시작

이 시기에는 저축과 투자를 시작하는 것이 필요하다. 복리의 힘을 활용하기 위해 가능한 한 빨리 투자를 시작하는 것이 좋다. 생활비를 제외한 월급의 50~70%를 저축하고 주식, 펀드, 부동산 등에 투자하는 것이 바람직하다.

신용 관리

신용 관리는 청년기에 매우 의미가 크다. 신용카드를 현명하게 사용하고, 대출을 신중하게 고려해야 한다. 신용카드 빚을 최소화하고, 신용 점수를 유지하는 것이 중요하다.

2) 성년기(30대 중반~40대): 성장과 안정의 시기

성년기는 직업적 성장과 가정을 꾸리는 시기다. 이 시기에는 재정적 안정을 확보하고, 미래를 위한 준비를 강화해야 한다.

직업적 성장

직업적 성장을 통해 수입을 늘리는 것이 필요하다. 승진, 이직, 부업 등을 통해 수입을 늘리고 재정적 여유를 확보해야 한다. 새로운 기술을 배우거나 네트워크를 확장하는 것이 직업적 성장에 도움이 된다.

가정 형성과 자녀 교육

가정을 꾸리고 자녀를 교육하는 데 필요한 재정적 준비를 해야 한다. 주택 구매, 자녀 교육비, 보험 등은 중요한 재정적 부담이다. 주택 담보 대출을 신중하게 고려하고, 자녀 교육을 위한 저축 계획을 세우는 것이 좋다.

투자 확대

이 시기에는 투자를 확대하여 재정적 안정을 강화해야 한다. 주식, 부동산, 연금 등 다양한 투자 상품을 고려하는 것이 좋다. 장기적인 투자 전략을 세우고 위험을 분산하는 것이 바람직하다.

3) 중년기(50대): 준비와 전환의 시기

중년기는 은퇴를 준비하고 재정적 전환을 이루는 시기다. 이 시기에는 재정적 안정을 유지하고 은퇴 후를 대비해야 한다.

은퇴 준비
은퇴를 위한 재정적 준비를 강화해야 한다. 연금, 저축, 투자 등을 통해 은퇴 후 생활비를 마련하는 것에 중점을 두어야 한다. 연금 계좌에 정기적으로 납입하고, 은퇴 후 생활비를 계산하여 준비하는 것이 좋다.

부채 상환
이 시기에는 부채를 상환하는 것이 중요하다. 주택 담보 대출, 교육 대출 등을 최대한 빨리 상환하여 재정적 부담을 줄여야 한다. 추가 상환을 통해 이자를 줄이고, 부채를 조기에 상환하는 것이 좋다.

건강 관리
건강 관리는 중년기에 매우 필요하다. 건강보험, 의료비 저축 등을 통해 건강 관련 비용을 준비하는 것이 좋다. 건강보험에 가입하고, 의료비를 위한 저축 계획을 세우는 것이 바람직하다.

4) 노년기(60대 이후): 안정과 여유의 시기

노년기는 은퇴 후 안정과 여유를 누리는 시기다. 이 시기에는 재정적 안정을 유지하고, 여생을 즐겁게 보내는 것에 초점을 맞춘다.

은퇴 후 생활비 관리
　은퇴 후 안정적인 생활을 위해서는 재정 관리가 매우 중요하다. 연금, 저축, 투자 등 다양한 수입원을 통해 생활비를 충당하는 것이 바람직하다. 또한 월별로 예산을 세우고 지출을 꼼꼼히 관리하면 은퇴 생활을 더욱 여유롭게 즐길 수 있다.

자산 관리
　노년기에는 체계적인 자산 관리가 필수적이다. 부동산, 주식, 채권 등 다양한 투자 수단을 활용하여 자산을 효율적으로 운용하고 수익을 높이는 것이 좋다. 특히 분산 투자를 통해 위험을 적절히 관리하는 것이 안정적인 노후 생활을 위한 중요한 전략이다.

유산 계획
　노년기에는 유산 계획도 미리 준비하는 것이 좋다. 유언장 작성과 상속 계획을 통해 자산을 효율적으로 후손들에게 물려주는 것이 중요하다. 적절한 상속 전략을 수립하여 상속세 부담을 줄이는 방안을 미리 마련해 두는 것 또한 염두에 두어야 한다.

삶의 단계별 돈 관리법은 인생의 각 시기에 맞는 재정적 전략을 세우는 데 꼭 필요하다. 청년기에는 기반을 다지고, 성년기에는 성장과 안정을 추구하며, 중년기에는 준비와 전환을 이루고, 노년기에는 안정과 여유를 누리는 것이 중요하다. 각 단계에서 재정적 목표를 명확히 설정하고, 이를 체계적으로 실현한다면, 우리는 더 풍요롭고 안정적인 삶을 살아갈 수 있을 것이다.

4
경제적 독립을 위한 전략

경제적 독립은 개인이 더 이상 월급이나 타인의 재정적 지원 없이도 원하는 삶을 살아갈 수 있는 상태를 의미한다. 이는 많은 사람이 꿈꾸는 목표이지만, 달성하기 위해서는 체계적인 전략과 지속적인 노력이 필요하다. 경제적 독립을 달성하기 위한 전략을 분석하고, 실질적인 실행 방안을 살펴보자.

1) 재정 목표 설정

경제적 독립을 이루기 위해서는 명확한 재정 목표를 설정하는 것이 필요하다. 이를 위해 먼저 자신의 현재 재정 상태를 분석하고, 원하는 삶의 방식과 이에 필요한 비용을 계산해야 한다. 이를 바탕으로 단기, 중기, 장기목표를 설정하고, 목표 달성을 위한 구체적인 계획을 수립하는 것이 중요하다.

2) 적극적인 저축과 투자

경제적 독립을 이루기 위해서는 소득의 일정 부분을 저축하고 효과적으로 투자하는 것이 필요하다. 단순한 저축만으로는 인플레이션을 극복하기 어렵기 때문에, 다양한 투자 수단을 활용하는 것이 좋다.

- **주식 투자**: 장기적인 관점에서 우량 주식이나 ETF에 투자하여 안정적인 수익을 창출할 수 있다.
- **부동산 투자**: 임대 수익을 창출하거나 자산 가치 상승을 기대할 수 있는 부동산 투자는 경제적 독립을 위한 좋은 수단이 될 수 있다.
- **사업 창업**: 자신만의 사업을 운영하여 수익을 창출하는 것도 경제적 독립을 앞당기는 방법이다.
- **파생 상품 및 기타 금융상품**: 위험이 크지만, 옵션거래나 채권 투자 등도 고려해볼 만하다.

3) 수입 다각화

한 가지 소득원에만 의존하는 것은 경제적 독립을 이루는 데 있어 위험 요소가 될 수 있다. 따라서 다양한 수입원을 확보하는 것이 중요하다. 이를 위해서는 다음과 같은 방법을 고려할 수 있다.

- **본업 외 부업**: 프리랜서 활동, 온라인 강의 제작, 유튜브 운영 등 부업을 통해 추가적인 수입을 창출할 수 있다.
- **배당 및 임대 수입**: 주식 배당금이나 부동산 임대료는 지속적인 현금 흐름을 만들어 경제적 독립을 앞당기는 데 도움이 된다.
- **디지털 자산 활용**: 블로그, 전자책, 온라인 강의 등 디지털 콘텐츠를 제작하여 지속적인 수익을 창출할 수 있다.

4) 소비 습관 개선

경제적 독립을 이루기 위해서는 불필요한 소비를 줄이고, 현명한 소비 습관을 형성하는 것이 필요하다. 소비 습관 개선을 위해 다음과 같은 방법을 활용할 수 있다.

- **예산 관리**: 매달 예산을 설정하고, 지출을 계획적으로 관리한다.
- **지출 분석**: 불필요한 소비를 파악하고, 절약할 수 있는 부분을 찾아 개

선한다.
- **가치 기반 소비**: 단순한 소비가 아닌 장기적으로 가치가 있는 소비에 집중한다.

5) 지속적인 자기계발

경제적 독립을 이루기 위해서는 지속적인 자기계발이 필수적이다. 경제적 독립을 달성하는 과정에서 지식과 기술이 필요하므로, 끊임없는 학습과 성장에 투자해야 한다.
- **금융 지식 습득**: 투자, 세금, 경제 동향 등에 대한 이해도를 높여야 한다.
- **기술 및 역량 개발**: 새로운 기술을 배우고, 경쟁력을 갖추기 위해 끊임없이 자기계발을 해야 한다.
- **네트워킹**: 경제적 독립을 이루기 위해서는 비슷한 목표를 가진 사람들과 교류하며 정보를 공유하는 것이 중요하다.

6) 리스크 관리

재정적 자유를 달성하기 위해서는 리스크를 효과적으로 관리해야 한다. 예상치 못한 상황에 대비하기 위해서는 다음과 같은 전략을 고려할 수 있다.

- **비상금 확보**: 최소 6개월 이상의 생활비를 비상금으로 확보하여 갑작스러운 경제적 어려움에 대비한다.
- **보험 가입**: 건강보험, 생명보험, 실업보험 등을 활용하여 리스크를 최소화한다.
- **투자 포트폴리오 다각화**: 다양한 자산에 투자하여 리스크를 분산한다.

경제적 독립을 달성하는 것은 쉽지 않지만, 체계적인 전략과 지속적인 노력을 통해 충분히 이룰 수 있는 목표다. 명확한 목표 설정, 적극적인 저축과 투자, 수입 다각화, 소비 습관 개선, 지속적인 자기계발, 리스크 관리 등을 종합적으로 실천한다면 누구나 경제적 독립을 달성할 수 있다. 중요한 것은 꾸준함과 실천이며, 작은 변화들이 결국 큰 성과로 이어질 것이다.

제6장

돈 관리의 기술

1. 돈 관리의 기본 원칙
2. 효과적인 저축 습관 만들기
3. 예산 계획과 실행 전략
4. 장기적 투자와 재테크

1
돈 관리의 기본 원칙

돈 관리는 단순히 수입과 지출을 기록하는 것을 넘어, 삶의 질을 높이고 미래를 준비하는 중요한 문제다. 돈을 잘 관리하려면 몇 가지 기본 원칙을 이해하고 실천해야 한다. 이 원칙들은 재정적 안정을 이루는 데 필요하며, 단기적인 만족보다 장기적인 목표를 우선시하는 태도에서 시작된다.

1) 수입과 지출의 균형 맞추기

돈 관리의 첫 번째 원칙은 '수입과 지출의 균형'을 맞추는 것이다. 수입보다 지출이 많다면 빚이 쌓일 수밖에 없고, 이는 재정적 스트레스로 이어진다. 반대로, 지출을 적절히 통제하고 수입을 늘리는 노력을 통해 재정적 여유를 확보할 수 있다.

- **예산 세우기**: 매월 수입과 지출을 명확히 기록하고, 예산을 세워 지출을 통제한다.
- **필요 vs. 욕구 구분**: 필요한 지출과 욕구에 의한 지출을 구분해 불필요한 소비를 줄인다.
- **저축 우선**: 수입이 들어오면 먼저 저축하고, 남은 금액으로 생활비를 지출하는 습관을 들인다.

2) 저축과 투자의 중요성

돈 관리의 두 번째 원칙은 '저축과 투자'를 통해 미래를 준비하는 것이다. 저축은 안정적인 재정 기반을 마련하고, 투자는 자산을 늘리는 데 필요하다.

- **긴급 자금 마련**: 월급의 50~70%를 저축해 긴급 상황에 대비한다.
- **장기 투자**: 주식, 부동산, 펀드 등 다양한 투자 상품을 통해 자산을 늘린다.
- **복리의 힘**: 투자를 일찍 시작할수록 복리의 효과를 누릴 수 있다.

3) 부채 관리

부채는 재정적 자유를 제한하는 주요 요인이다. 돈 관리의 세 번째 원칙은 '부채를 최소화'하고, 부채가 있다면 신속히 상환하는 것이다.

- **고금리 부채 우선 상환**: 신용카드 빚, 개인 대출 등 고금리 부채를 먼저 상환한다.
- **대출 신중히 고려**: 대출을 받을 때는 이자율과 상환 조건을 꼼꼼히 검토한다.
- **부채 없는 삶**: 부채를 최소화해 재정적 스트레스에서 벗어난다.

4) 목표 설정과 계획 수립

돈 관리의 네 번째 원칙은 '명확한 목표를 설정'하고, 이를 달성하기 위한 계획을 세우는 것이다.

- **단기, 중기, 장기목표 설정**: 예를 들어, 단기목표로 긴급 자금 마련, 중기목표로 주택 구매, 장기목표로 은퇴 자금 마련 등을 설정한다.
- **체계적인 계획 수립**: 목표를 달성하기 위한 구체적인 계획을 세우고, 이를 꾸준히 실행한다.

- 정기적인 점검: 매달 또는 분기마다 재정 상태를 점검하고, 필요에 따라 계획을 수정한다.

5) 지출의 우선순위 정하기

돈 관리의 다섯 번째 원칙은 '지출의 우선순위'를 정하는 것이다. 모든 지출이 동일한 중요성을 가지지는 않는다. 필수적인 지출을 우선시하고, 그다음으로 여유 자금을 활용한다.

- 필수 지출 우선: 주거비, 식비, 교통비 등 생계와 관련된 지출을 우선시한다.
- 투자와 저축: 필수 지출 이후에는 저축과 투자에 자금을 할당한다.
- 여가와 사치품: 남은 자금으로 여가활동이나 사치품을 구매한다.

6) 재정 교육과 자기계발

돈 관리의 여섯 번째 원칙은 '재정 교육과 자기계발'을 통해 재정적 지식을 늘리는 것이다. 돈을 잘 관리하려면 재정에 대한 이해가 필요하다.

- **재정 지식 습득**: 책, 강좌, 세미나 등을 통해 재정 관리에 대한 지식을 쌓는다.
- **투자 공부**: 주식, 부동산, 펀드 등 다양한 투자 상품에 대해 공부해 위험을 최소화하고 수익을 극대화한다.
- **경제 동향 파악**: 경제 동향과 시장 변화를 주시해 재정적 결정에 반영한다.

돈 관리의 기본 원칙은 수입과 지출의 균형, 저축과 투자, 부채 관리, 목표 설정, 지출의 우선순위, 재정 교육 등을 포함한다. 이러한 원칙을 실천하면 재정적 안정을 이루고, 미래를 위해 준비할 수 있다. 돈 관리는 삶의 질을 높이고 꿈을 실현하는 데 꼭 필요한 과정이다. 따라서 기본 원칙을 이해하고 꾸준히 실천하는 것이 중요하다.

2
효과적인 저축 습관 만들기

우리는 종종 "돈 모으기가 어렵다"라고 말한다. 하지만 저축이 어려운 것이 아니라, 저축하는 습관이 부족한 것일 수 있다. 적은 금액이라도 꾸준히 모으다 보면 시간이 지날수록 그 효과는 점점 불어나게 된다.

저축 습관을 만드는 첫 단계는 자신의 수입과 지출을 정확히 파악하는 것이다. 한 달 동안의 모든 지출을 꼼꼼히 기록해 보면, 불필요한 소비가 얼마나 많은지 깨닫게 된다. 매일 마시는 테이크아웃 커피 한 잔, 충동적으로 구매하는 온라인 쇼핑 등 이러한 작은 지출들이 모여 큰 금액이 되어버린다.

효과적인 저축을 위해서는 '페이 유어셀프 퍼스트(Pay Yourself First)' 원칙을 적용하는 것이 좋다. '페이 유어셀프 퍼스트'는 월급이나 수입이 들어오면 가장 먼저 일정 금액을 저축하는 재무관리 원칙이다. 월급이 입금되자마자 먼저 정해진 금액을 저축계좌로 자동이체하고, 남은 금액으로 월세나 공과금 등 고정비용 지출한다. 그 후 남은 돈은 생활비로 운용하는 것이다.

대부분의 사람은 월급을 받으면 고정비용을 지출하고, 생활비 사용 후 남은 돈을 저축한다. 이런 순서로 돈을 쓰다 보면 결국 저축할 돈이 거의 남지 않게 된다. 하지만 '페이 유어셀프 퍼스트' 원칙을 적용하면, 저축을 '선택사항'이 아닌 '필수 고정 지출'로 만들어 안정적인 저축이 가능해진다.

가장 효과적인 방법은 급여 입금일에 자동이체를 설정해두는 것이다. 이렇게 하면 돈을 보기도 전에 저축이 되어, 불필요한 지출의 유혹을 줄일 수 있다.

또한 저축 목표를 구체적으로 세우는 것이 중요하다. "돈을 모으겠다"라는 막연한 계획보다는 "1년 안에 500만 원을 모아 단기 어학연수를 가겠다"처럼 명확한 목표가 있다면 동기부여가 될 것이다. 목표 금액을 달성하기 위해 매달 얼마를 저축해야 하는지 계산해 보고, 이를 실천하기 위한 구체적인 계획을 세우는 것이 중요하다.

예기치 못한 지출에 대비하기 위한 비상금도 필요하다. 전문가들은 보통 3~6개월 치의 생활비를 비상금으로 확보해둘 것을 권장한다. 이는 갑작스러운 실직이나 질병과 같은 위기 상황에서 큰 도움이 될 것이다.

절약이 반드시 삶의 질을 낮추는 것은 아니다. 오히려 현명한 소비 습관을 통해 진정으로 가치 있는 것에 투자할 수 있는 여유가 생긴다. 예를 들어, 불필요한 외식을 줄이고 집에서 식사를 준비하면 건강에도 좋고 저축에도 도움이 된다.

저축한 돈을 단순히 모아두기만 하는 것이 아니라 현명하게 운용하는 것도 중요하다. 예금, 적금부터 시작해서 펀드, 주식 등 다양한 금융상품을 연구하고 자신에게 맞는 투자 방법을 찾아보자. 단, 투자는 반드시 자신의 위험 감수 성향과 투자 지식 수준에 맞게 진행해야 한다.

효과적인 저축 습관은 하루아침에 만들어지지 않는다. 작은 것부터 시작해 꾸준히 실천하다 보면, 어느새 당신의 일상이 되어있을 것이다.

현명한 저축의 시작, 오늘부터 실천하는 재테크 이야기

2024년 직장인 K는 매달 월급 350만 원을 받지만, 월세 80만 원, 대출이자 45만 원, 각종 공과금과 생활비를 내고 나면 항상 통장 잔고가 바닥나기 일쑤였다. '도대체 돈은 어디로 새는 걸까?' 고민하던 그녀는 본격적으로 저축 습관을 만들기로 결심했다. 그녀의 이야기를 통해 효과적인 저축 방법을 자세히 알아보겠다.

① 수입과 지출 현황 파악하기

K가 가장 먼저 한 일은 지난 3개월간의 모든 지출 내역을 분석하는 것이었다. 신용카드 명세서와 체크카드 내역, 현금 지출까지 모두 엑셀에 정리해 보니 놀라운 사실을 발견했다.

고정 지출:

- 월세: 80만 원
- 대출이자: 45만 원
- 관리비/공과금: 25만 원
- 통신비: 8만 원
- 보험료: 15만 원

변동 지출:

- 식비: 65만 원 (직장 근처 점심 식사 건당 평균 1만 2,000원)
- 교통비: 12만 원
- 문화생활: 30만 원 (영화, 공연, 전시 관람 등)
- 쇼핑: 45만 원 (의류, 화장품, 잡화 등)
- 여가활동: 25만 원 (카페, 술자리 등)

월평균 총지출이 350만 원으로, 수입과 지출이 정확히 일치했다. 그녀는 불필요한 지출을 줄일 수 있는 여러 부분을 발견했다.

② 구체적인 저축 목표 설정하기

K는 다음과 같은 구체적인 저축 목표를 세웠다.

단기목표(1년):

- 비상금 1,000만 원 마련
- 필요 저축액: 월 83만 원

중기목표(3년):

- 주택담보대출 계약금 3,000만 원 준비

- 필요 저축액: 월 83만 원 + 추가 30만 원

장기목표(10년):

- 노후 준비금 시작 (연금저축 + 개인연금)
- 필요 저축액: 월 30만 원

③ 실천 가능한 지출 줄이기 계획

식비 절감 계획:

- 직장 도시락 준비 (월 25만 원 절약)
  - 주말에 일주일 치 반찬 만들어 냉동 보관
- 술자리 횟수 줄이기 (월 15만 원 절약)
  - 월 4회에서 2회로 축소

쇼핑비 절감:

- 계절 바뀔 때만 의류 구매(월 20만 원 절약)
- 화장품은 할인판매 기간에 미리 구매(월 10만 원 절약)

문화생활 예산 조정:

- 문화비 monthly 정액권 활용(월 15만 원 절약)
- 조조 영화 및 평일 할인 적극 활용

④ 새는 돈 막기 실천 방법

통장 쪼개기 전략:

- 생활비 통장
  - 매달 1일 생활비만 이체
  - 카드 사용액 한도 설정
- 저축용 통장
  - 자동이체 설정(급여일에 자동이체)
- 비상금 통장
  - 별도 통장으로 분리
  - 카드 연결 해제

현금 흐름 관리:

- 매주 일요일 지출 계획 세우기
- 현금 지출은 영수증 필수 보관
- 지출 내역 매일 저녁 기록

- 신용카드는 꼭 필요한 경우만 사용

⑤ 저축금 운용 전략

단기자금(1년 이내):

- 정기예금 및 단기 적금
- 매월 자동이체 50만 원
- 초고금리 특판 상품 활용
- 단기 목돈 만들기 적금 가입

중기자금(1~3년):

- 만기 1년 이상 정기예금
- 분산 투자 시작
  - 저위험 채권형 펀드
  - 안정형 ETF 상품
- 재형저축 가입(세금 혜택)

장기자금(3년 이상):

- 연금저축 펀드

- 주택청약종합저축

- 분산 투자 포트폴리오 구성

  - 국내주식 40%

  - 해외주식 30%

  - 채권 20%

  - 현금성 자산 10%

⑥ 추가 수입 만들기

본업 외 수입원:

- 주말 카페 아르바이트

  - 월 40만 원 추가 수입

  - 커피값 절약 효과까지

- 전문 자격증 공부

  - 향후 급여 상승 기대

  - 부업 가능성 확보

- 온라인 쇼핑몰 부업

  - 초기 6개월은 적자 감수

  - 장기적 수익 기대

⑦ 비상금 관리 원칙

비상금 사용 기준:
- 실직 등 수입 중단 상황
- 갑작스러운 의료비 발생
- 긴급한 가족 지원 필요
- 필수적인 자기계발 비용

비상금 관리 원칙:
- 입출금이 자유로운 상품 선택
- 분기별 금액 점검 및 조정
- 사용 시 반드시 상환 계획 수립
- 정기적인 금액 상향 검토

⑧ 저축 습관 유지를 위한 동기부여

기록 및 점검:
- 매일: 지출 내역 기록
- 매주: 저축 목표 달성도 확인

- 매월: 자산 현황 정리
- 분기: 투자 수익률 분석

보상 시스템:
- 월 저축 목표 달성 시 문화생활 보상
- 분기 목표 달성 시 여행 계획
- 연간 목표 달성 시 큰 선물

K는 이러한 계획을 실천한 지 6개월 만에 매월 100만 원 이상을 저축할 수 있게 되었다. 특히 불필요한 지출을 줄이고 계획적인 소비 습관을 갖게 된 것이 가장 큰 변화였다.
예상치 못한 효과도 있었다. 도시락을 직접 준비하면서 건강이 개선되었고, 무분별한 쇼핑을 줄이니 집안이 깔끔해졌다. 무엇보다 통장 잔고가 늘어가는 것을 보며 성취감을 느낄 수 있었다.

저축은 그저 돈을 모으는 것이 아닌, 더 나은 미래를 위한 투자다. 시작이 어렵게 느껴질 수 있지만, 작은 것부터 차근차근 실천해 나간다면 누구나 성공적인 저축 습관을 만들 수 있다.
지금 이 순간에도 많은 사람이 저축에 도전하고 있다. 때로는 실패할 수도 있고, 목표액에 미치지 못할 수도 있다. 하지만 중요한 것은 포기하지 않고 다시 시작하는 것이다.

성공적인 저축의 비결은 '습관화'에 있다. 한 번에 큰 금액을 저축하려 하기보다는, 꾸준히 실천할 수 있는 금액부터 시작하는 것이 중요하다. 시간이 지날수록 저축하는 즐거움을 느끼게 될 것이고, 그것이 바로 진정한 재테크의 시작이다.

3
예산 계획과 실행 전략

우리는 종종 '예산 관리'라는 말에 부담을 느낀다. 하지만 이는 돈을 절약하는 것과 동시에 더 나은 삶을 위한 현명한 선택이라고 할 수 있다.

예산 계획의 첫걸음은 정확한 수입과 지출 파악에서 시작한다. 카드 내역, 현금 지출, 자동이체 등 모든 거래 내역을 꼼꼼히 기록해 보면 우리의 소비 패턴이 보이기 시작할 것이다. 여기서 중요한 것은 판단하지 않고 있는 그대로를 관찰하는 것이다.

효과적인 예산 관리를 위해서는 미국의 법학자 엘리자베스 워런(Elizabeth Ann Warren)이 소개한 '50:30:20 법칙'을 참고해볼 만하다. 수입의 50%는 필수 지출(주거비, 식비, 공과금 등), 30%는 자유 지출(여가, 취미 등), 20%는 저축과 투자에 배분하는 방식이다. 물론 이는 개인의 상황에 따라 조정이 가능하다.

구체적인 실행을 위해서는 다음과 같은 전략이 도움이 될 수 있다.

① 통장 쪼개기
- 생활비 통장
- 비상금 통장
- 저축 통장

각각의 용도에 맞게 분리해두면 지출 관리가 한결 수월해질 것이다.

② 자동이체 활용

급여일에 맞춰 저축과 고정 지출을 자동이체로 설정해두면 불필요한 고민을 줄일 수 있다.

③ 비상금 확보

최소 3개월에서 6개월 치의 생활비를 비상금으로 마련해두는 것이 바람직하다.

④ 현금 봉투 시스템

변동 지출은 현금으로 관리하면서 각 항목별로 봉투를 만들어 관리하는 것도 좋은 방법이다.

예산 실행에서 가장 중요한 것은 지속성이다. 처음부터 너무 빡빡한 계획을 세우면 오히려 스트레스가 되어 포기하기 쉽다. 여유 있게 시작해서 점진적으로 조정해나가는 것이 현명한 접근법이다.

예산 관리는 돈을 아끼는 것에 그치지 않고, 삶의 방향성을 점검하는 과정이기도 하다. 내가 어디에 돈을 쓰고 있는지를 들여다보면, 무엇을 중요하게 생각하는지가 자연스럽게 드러나게 된다.

불필요한 지출을 줄이는 것은 분명 중요하다. 하지만 더 중요한 것은 내가 진정으로 가치 있다고 생각하는 것에 돈을 쓸 수 있는 여유를 만드는 일이다. 취미생활, 자기계발, 의미 있는 경험 등에 투자할 수 있는 자유를 얻는 것, 그것이 바로 예산 관리의 궁극적인 목표라고 할 수 있다.

예산 관리에는 정답이 없다. 각자의 상황과 목표에 맞는 방식을 찾아가는 것이 중요하다. 때로는 실패할 수도 있고, 계획대로 되지 않을 수도 있다. 하지만 그것은 실패가 아닌, 더 나은 방법을 찾아가는 과정이라고 생각하면 된다.

지금 이 순간부터, 작은 것에서부터 시작해 보면 어떨까? 오늘 하루의 지출을 기록하는 것부터 시작하면 된다. 그리고 점차 범위를 넓혀가며, 나만의 예산 관리 시스템을 만들어가면 된다. 더 나은 미래를 위한 첫걸음은 언제나 '지금 이 순간'에서 시작되기 때문이다.

4
장기적 투자와 재테크

"로마는 하루아침에 이루어지지 않았다"라는 말처럼, 탄탄한 자산 형성 역시 시간과 인내가 필요하다. 장기 투자와 재테크는 돈 모으기에 그치지 않고, 미래의 안정적인 삶을 준비하는 과정이라 할 수 있다.

장기 투자의 가장 큰 무기는 '시간'이다. 복리의 마법이라고도 불리는 이 효과는 시간이 지날수록 더욱 강력해진다. 예를 들어, 월 30만 원씩 연수익률 5%로 30년간 투자했을 때의 수익과 10년간 투자했을 때의 수익은 단순히 3배 차이가 아닌, 그 이상의 격차를 보이게 된다.

효과적인 장기 투자를 위한 첫걸음은 분산 투자에서 시작한다. 주식, 채권, 부동산, 예금 등 다양한 자산에 분산해서 투자하면 리스크를 줄일 수 있다. 여기서 중요한 것은 자신의 위험 감수 성향과 투자 기간을 고려한 적절한 포트폴리오 구성이다.

구체적인 장기 투자 전략을 살펴보자.

① 주식 투자
- 국내외 우량주 중심의 장기 보유
- 배당주 투자로 정기적 수익 창출
- 적립식 투자로 평균 매수단가 낮추기

② 펀드/ETF 투자
- 분산 투자가 된 상품 선택
- 운용보수와 수수료 고려
- 정기적인 포트폴리오 리밸런싱

③ 부동산 투자
- 입지와 개발 호재 분석
- 임대 수익과 시세 차익 고려
- 레버리지를 활용한 수익률 제고

④ 연금 투자

- 퇴직연금 적극 활용
- 개인형 퇴직연금, 연금저축 등 세제 혜택 활용
- 개인연금으로 추가 노후 대비

투자의 성공 비결은 '감정 조절'에 있다. 시장이 좋을 때는 너무 욕심내지 않고, 나쁠 때는 지나치게 두려워하지 않는 균형 잡힌 시각이 필요하다. 또한 정기적인 공부와 시장 분석도 중요하다. 경제신문을 읽고 관련 서적을 통해 투자 지식을 쌓으며, 세미나나 강연을 통해 식견을 넓혀가는 것이 바람직하다.

재테크에서 가장 중요한 것은 '본인만의 원칙'을 세우는 일이다. 남들이 하니까 따라 하는 투자가 아닌, 철저한 분석과 판단을 기반으로 한 결정이 필요하다.

장기 투자를 할 때 때로는 실패할 수도 있다. 하지만 그것을 교훈 삼아 더 나은 투자자로 성장할 수 있다. 중요한 것은 포기하지 않고 꾸준히 나아가는 것이다.

성공적인 장기 투자는 '인내심'과 '규율'에서 비롯된다. 당장의 수익에 연연하지 않고, 먼 미래를 바라보며 차근차근 자산을 늘려가는 것이 핵심이다. 적은 금액이라도 규칙적으로 투자하다 보면, 시간이 지날수록 그 효과는 점점 불어날 것이다. 우리의 미래는 오늘 우리가 내리는 작은 결정들로 만들어지기 때문이다.

경제적 리터러시: 돈을 이해하고 미래를 설계하는 법

경제적 리터러시는 돈을 관리하고 이해하는 능력을 말한다. 이는 예산 관리, 저축, 투자, 세금, 신용, 보험 등 다양한 금융 개념을 이해하고 활용할 수 있는 능력을 포함한다. 경제적 리터러시는 개인의 경제적 안정과 미래를 설계하는 데 필수적인 요소다.

경제적 리터러시는 돈이 우리 삶에 어떤 영향을 미치는지, 그리고 어떻게 하면 돈을 통해 더 나은 삶을 살 수 있는지에 대한 깊은 이해를 요구한다.

경제적 리터러시는 여러 가지 요소로 구성된다. 이 요소들을 이해하고 실천하는 것이 돈과의 건강한 관계를 맺는 첫걸음이다.

① 예산 관리

수입과 지출을 계획하고 통제하는 능력이다. 예산을 통해 불필요한 지출을 줄이고, 저축과 투자에 더 많은 자원을 할당할 수 있다. 예산 관리는 자신의 삶을 설계하는 도구다.

② 저축

미래를 위해 돈을 모으는 습관이다. 긴급 상황이나 큰 목표(예: 주택 구매, 교육)를 위해 재정적 준비를 하는 데 중요하다. 저축은 미래에 대한 투자다.

③ 투자

돈을 통해 더 많은 돈을 벌기 위한 방법을 이해하는 것이다. 주식, 부동산, 펀드 등 다양한 투자 상품에 대한 지식이 필요하다. 투자는 수익을 추구함과 동시에 미래를 위한 준비다.

④ 신용 관리

신용카드, 대출, 신용 점수 등을 올바르게 관리하는 능력이다. 신용을 잘 관리하면 금융상품을 더 유리한 조건으로 이용할 수 있다. 신용 관리는 빚을 관리하고 자신의 금융 건강을 지키는 방법이다.

⑤ 세금

세금 제도와 절세 방법을 이해하는 것이다. 세금을 올바르게 내는 것은 법적 의무이자 재정적 책임이다. 세금 관리는 사회적 책임을 다하는 방법이다.

⑥ 보험

다양한 보험 상품을 이해하고, 자신에게 필요한 보험을 선택하는 능력이다. 보험은 예상치 못한 상황에서 재정적 손실을 보호하기 위한 것이며, 미래에 대한 보장이다.

경제적 리터러시의 중요성

경제적 리터러시는 돈을 관리하는 능력과 함께 더 나은 삶을 설계하는 데 필수적인 도구다. 그 중요성은 다음과 같다.

① 재정적 독립

경제적 리터러시는 재정적 독립을 이루는 데 꼭 필요하다. 자신의 재정을 스스로 관리할 수 있어야 미래를 설계할 수 있다. 재정적 독립은 돈을 버는 것을 넘어 자신의 삶을 통제하는 능력이다.

② 경제적 스트레스 감소

돈에 대한 이해가 높을수록 경제적 스트레스가 줄어든다. 예산 관리와 저축을 통해 불필요한 금융 부담을 피할 수 있다. 경제적 스트레스 감소는 삶의 질을 높이는 방법이다.

③ 미래 준비

은퇴, 자녀 교육, 주택 구매 등과 같은 장기목표를 위해 재정적 준비를 할 수 있다. 미래 준비는 꿈을 실현하는 과정이다.

④ 금융 사기 예방

경제적 리터러시가 높을수록 금융 사기나 부적절한 금융상품에 속을 위험이 줄어든다. 금융 사기 예방은 손실을 피하고, 자신의 재정을 보호하는 방법이다.

경제적 리터러시를 높이는 방법

경제적 리터러시를 높이는 것은 지식을 쌓고 실생활에 적용하는 과정이다. 이를 위해 다음과 같은 방법을 추천한다.

① 교육

금융 관련 책, 강의, 온라인 강좌 등을 통해 지식을 쌓는다. 학교나 지역 사회에서 제공하는 금융교육 프로그램에 참여한다. 교육은 지식을 얻고 자신의 삶을 변화시키는 도구다.

② 실천

예산을 세우고, 저축 계획을 세우며, 투자에 관심을 갖는 등 실제로 적용해 본다. 실천은 계획을 세우고 행동으로 옮기는 과정이다.

③ 정보 습득

금융 뉴스, 경제 지표, 투자 상품에 대한 정보를 꾸준히 습득한다. 정보 습득은 지식을 쌓고 현실을 이해하는 방법이다.

④ 전문가 상담

재정 설계사나 금융 전문가와 상담을 통해 개인 맞춤형 조언을 받는다. 전문가 상담은 조언을 듣고 자신의 상황을 진단하는 과정이다.

경제적 리터러시는 돈을 관리하는 능력을 넘어, 더 나은 삶을 설계하는 데 꼭 필요한 도구다. 이를 통해 우리는 재정적 독립을 이루고, 경제적 스트레스에서 벗어나며, 미래를 위한 준비를 할 수 있다. 경제적 리터러시를 높이는 것은 현대 사회에서 성공적인 삶을 살기 위한 첫걸음이다.

제7장

돈과 행복의 상관 관계

1. 돈과 행복의 연관성
2. 돈이 가져다주는 행복의 한계
3. 돈을 통한 만족과 삶의 질 향상
4. 균형 잡힌 돈과 삶의 철학

1
돈과 행복의 연관성

돈과 행복은 오랜 시간 동안 철학자, 심리학자, 경제학자들이 탐구해 온 주제다. 사람들은 돈이 많을수록 행복할 것으로 생각하지만, 실제로는 그 관계가 단순하지 않다.

물론 돈이 부족하면 기본적인 생존이 어려워지고 스트레스가 커진다. 의식주를 해결하지 못하는 상태에서는 행복을 논하는 것조차 사치일 수 있다. 따라서 어느 정도의 경제적 안정은 행복의 중요한 요소다. 하지만 일정 수준을 넘어서면 돈이 행복을 보장하지는 않는다.

행복은 돈 그 자체보다 돈을 어떻게 사용하는가에 달려 있다. 예를 들어, 경험을 사는 것이 물질적인 재화를 구매하는 것보다 더 큰 만족감을 준다고 한다. 여행, 취미 활동, 소중한 사람들과의 시간에 투자하는 것이 새로운 가방이나 최신 스마트폰을 사는 것보다 지속적인 행복을 가져올 가능성이 크다. 다른 사람을 위해 돈을 쓰는 것 역시 개인의 행복을 높이는 요소 중 하나다. 기부하거나 선물을 하는 행위가 자신을 위한 소비보다 더 큰 만족감을 줄 수 있다는 연구 결과도 있다.

　일정 수준의 경제적 안정은 필요하지만, 진정한 행복은 관계, 의미 있는 경험, 자아실현 등에서 비롯된다. 돈이 많아도 외롭거나 삶의 의미를 찾지 못한다면 행복할 수 없다. 반대로 돈이 많지 않아도 만족스러운 인간관계를 맺고, 좋아하는 일을 하며 삶의 의미를 찾을 수 있다면 충분히 행복할 수 있다.

　돈과 행복의 관계를 이해할 때 가장 중요한 것은 균형이다. 돈을 무시할 수도 없지만, 그것만을 좇다 보면 정작 중요한 것을 놓칠 수 있다. 돈을 현명하게 사용하고, 물질적인 풍요보다 내면의 만족을 추구하는 태도가 행복한 삶으로 가는 길일 것이다.

2
돈이 가져다주는 행복의 한계

돈이 행복을 가져다주는 데에는 한계가 있다. '행복의 한계' 이론에 따르면, 일정 수준 이상의 소득은 행복감을 더 이상 증가시키지 않는다.

1) 행복의 한계 이론

미국 프린스턴대학의 심리학자 대니얼 카너먼(Daniel Kahneman)과 경제학자 앵거스 디턴(Angus Deaton)은 2010년에 발표한 연구에서 소득과 행복의 관계를 분석했으며, 그 결과를 통해 '행복의 한계'라는 개념을 제시했다.

카너먼(노벨 경제학상 수상자)과 디턴(노벨 경제학상 수상자)은 연 소득이 약

7만 5천 달러(한화로 약 1억 원)에 도달하면 행복감이 정점에 이르며, 그 이상의 소득은 행복에 큰 영향을 미치지 않는다는 것을 발견했다. 이러한 연구 결과는 행복과 소득의 관계에 대한 흥미로운 통찰을 제공한다. 연구에 따르면 행복에는 다음 두 가지 측면이 있다.

감정적 행복

일상에서 느끼는 기쁨, 스트레스, 슬픔 등 감정적 상태를 말한다. 이는 소득이 증가함에 따라 어느 정도까지는 개선되지만, 약 7만 5천 달러를 넘어서면 더 이상 크게 향상되지 않는다.

삶의 평가

자신의 삶을 전반적으로 어떻게 평가하는지를 뜻한다. 이는 소득이 증가함에 따라 계속해서 향상될 수 있지만, 감정적 행복과는 다른 차원의 개념이다.

이 연구는 돈이 행복에 미치는 영향이 일정 수준 이상에서는 한계가 있다는 것을 보여준다. 즉, 기본적인 욕구를 충족시키고 어느 정도의 경제적 안정을 확보한 후에는 돈이 행복에 미치는 영향이 점차 감소한다는 것이다.

이는 '적응 수준 이론'과도 연결되는데, 인간은 새로운 소득 수준에 빠르게 적응하며, 그로 인해 행복감이 더 이상 증가하지 않는다는 것을 시사한다.

2) 적응 수준 이론

'적응 수준 이론(Adaptation Level Theory)'은 미국의 심리학자 해리 헬슨(Harry Helson)이 1947년에 제안한 이론으로, 인간이 새로운 자극이나 환경에 노출되었을 때, 초기에는 강한 반응을 보이지만 시간이 지나면서 그 자극에 익숙해지고 반응이 약화되는 현상을 설명한다. 이 이론은 행복, 만족도, 감각 등 다양한 심리적 경험에 적용될 수 있으며, 특히 돈과 행복의 관계를 이해하는 데 중요한 개념으로 사용된다.

적응 수준 이론의 기본 개념은 다음과 같다.

적응

인간은 새로운 상황이나 자극에 노출되면 초기에는 강한 반응을 보이지만, 시간이 지나면서 그 상황에 적응하게 된다. 이는 긍정적인 변화든 부정적인 변화든 마찬가지다.

기준점

개인은 자신의 경험을 평가할 때, 과거의 경험과 현재의 상황을 비교하는 기준점을 형성한다. 이 기준점은 끊임없이 변화하며, 새로운 자극에 적응함에 따라 조정된다.

중립적 상태로의 회귀

긍정적이거나 부정적인 변화가 발생하더라도, 시간이 지나면 개인은 다시 중립적인 상태로 돌아가는 경향이 있다. 이를 '헤도닉 트레드밀(Hedonic Treadmill)'이라고도 부른다.

적응 수준 이론은 돈과 행복의 관계를 설명하는 데 매우 유용하다. 예를 들어, 다음과 같은 현상을 설명할 수 있다.

소득 증가와 행복

소득이 증가하면 초기에는 행복감이 크게 상승한다. 더 나은 주거 환경, 더 좋은 음식, 여가활동 등이 가능해지기 때문이다. 그러나 시간이 지나면 이러한 새로운 생활 수준에 익숙해지고, 행복감은 점차 감소한다.

물질적 소유와 행복

새로운 차나 집을 구입했을 때 초기에는 큰 기쁨을 느끼지만, 시간이 지나면 그 물건에 익숙해지며 기쁨이 줄어든다. 이는 물질적 소유가 행복에 미치는 영향이 일시적일 수 있음을 보여준다.

빈곤과 행복

반대로, 경제적 어려움을 겪는 사람들도 시간이 지나면 그 상황에 적응하게 된다. 초기에는 큰 스트레스와 불행을 느끼지만, 시간이 지나면 그 상태에 익숙해지며 감정적 반응이 약화된다.

적응 수준 이론은 인간이 새로운 상황에 빠르게 적응하며, 행복감이 일시적으로만 증가할 수 있다는 사실을 보여준다. 이는 돈과 행복의 관계를 이해하는 데 중요한 통찰을 제공하며, 행복을 추구하는 데 있어 외부 조건보다는 내적 요인과 균형 잡힌 삶의 중요성을 강조한다.

이 연구는 이후 많은 후속 연구와 논의를 촉발시켰다. 예를 들어, 국가별로 행복의 한계가 다를 수 있다는 점, 물가 수준과 생활비를 고려할 때 행복의 한계가 달라질 수 있다는 점 등이 논의되었다. 또한 행복의 한계가 절대적인 금액이 아니라 개인의 삶의 상황과 문화적 배경에 따라 달라질 수 있다는 점도 지적되었다.

3) '헤도닉 트레드밀' 이론

'적응 수준 이론'과 밀접하게 연결된 개념으로, '헤도닉 트레드밀(Hedonic Treadmill)'이 있다. 헤도닉 트레드밀 개념은 1971년 미국의 심리학자 필립 브릭맨(Philip Brickman)과 도널드 캠벨(Donald T. Campbell)이 공동 연구를 통해 제안했다.

이들은 연구에서 "행복은 외부적인 사건(예: 복권 당첨, 사고 등)으로 인해 일시적으로 변화할 수 있지만, 결국 원래의 수준으로 돌아온다"는 사실을 발견했다. 이를 통해 행복이 마치 러닝머신(트레드밀) 위에서 뛰는 것처럼 계속 제자리로 돌아오는 경향이 있다고 설명했다. 우리는 끊임없이 더 큰 행복을 추구하지만, 결국에는 원래의 행복 수준으로 되돌아가곤 한다. 이 현상은 돈, 물질, 성공 등 외부 조건이 행복에 미치는 영향이 일시적일 수 있음을 보여준다.

헤도닉 트레드밀의 핵심은 인간이 새로운 상황에 빠르게 적응한다는 데 있다. 예를 들어, 소득이 증가하거나 새로운 물건을 구입했을 때 초기에는 큰 기쁨을 느낀다. 더 나은 집으로 이사하거나 새 차를 구입하거나 직장에서 승진하는 순간은 분명 행복감을 높여준다. 그러나 시간이 지나면 이러한 변화에 익숙해지고 그로 인한 행복감은 점차 사라진다. 우리는 새로운 기준점을 형성하고, 그 기준에 맞춰 삶을 평가하게 된다. 이는 긍정적인 변화든 부정적인 변화든 마찬가지로 적용된다.

이러한 현상은 인간의 심리적 메커니즘과 깊이 연결되어 있다. 우리는 끊임없이 변화하는 환경에 적응하며 살아간다. 이 적응 능력은 생존을 위해 필수적이지만, 동시에 행복을 지속적으로 유지하는 데는 장벽이 되기도 한다. 예를 들어, 경제적 어려움을 겪는 사람들도 시간이 지나면 그 상황에 적응하게 된다. 초기에는 큰 스트레스와 불행을 느끼지만, 점차 그 상태에 익숙해지며 감정적 반응이 약화된다. 이는 인간이 어느 상황에서든 중립적인 상태로 돌아가려는 경향이 있음을 보여준다.

헤도닉 트레드밀은 우리가 행복을 추구하는 방식에 대해 중요한 질문을 던진다. 만약 돈이나 물질이 행복을 가져다주는 데 한계가 있다면, 진정한 행복은 어디에서 찾아야 할까? 많은 연구는 행복이 외부 조건보다는 내적 요인에 더 크게 의존한다는 것을 보여준다. 가족과의 시간을 보내거나 친구들과의 관계를 유지하거나 자신의 꿈을 추구하는 과정에서 느끼는 행복은 헤도닉 트레드밀의 영향을 덜 받는다.

우리는 종종 더 많은 돈, 더 큰 성공, 더 나은 조건을 추구하며 살아간다. 그러나 이러한 외부 조건이 행복에 미치는 영향은 일시적일 뿐이다.

 헤도닉 트레드밀은 우리에게 행복이 단순히 외부 조건에 의존하는 것이 아님을 일깨워준다. 우리는 끊임없이 변화하는 환경에 적응하며 살아가지만, 진정한 행복은 내면에서 찾아야 한다. 헤도닉 트레드밀을 넘어서기 위해서는 내적 가치와 삶의 균형을 중요시하며, 타인과의 관계 속에서 의미를 찾는 것이 중요하다.

3
돈을 통한 만족과 삶의 질 향상

돈을 통해 우리는 기본적인 생계를 유지하고, 더 나은 삶을 꿈꾸며 미래를 준비한다. 그러나 돈이 과연 행복을 가져다주는가에 대한 질문은 여전히 논쟁의 여지가 있다. 돈은 분명히 삶의 질을 향상시키고 만족을 줄 수 있는 도구이지만, 그것이 행복의 전부는 아니다. 돈이 어떻게 만족과 삶의 질을 높이는지 탐구하고, 그 한계와 함께 진정한 행복을 찾기 위한 방향을 살펴보자.

1) 돈이 가져다주는 기본적인 만족

돈은 인간의 기본적인 욕구를 충족시키는 데 필수적이다. 인간은 생리적 욕구와 안전 욕구가 충족되어야 더 높은 단계의 욕구를 추구할 수 있다. 돈은 이러한 기본적인 욕구를 충족시키는 데 중요한 역할을 한다. 충분한 수입이 있다면 건강한 음식을 먹고, 안정적인 주거 환경을 유지하며, 의료 서비스를 받는 것이 가능해진다. 이러한 기본적인 욕구가 충족되지 않으면 스트레스와 불안이 증가하며, 이는 행복감을 크게 저해한다.

또한 돈은 교육과 자기계발의 기회를 제공한다. 교육은 개인의 성장과 발전을 위해 필수적이며, 이를 통해 더 나은 직업을 얻고 사회적 지위를 높일 수 있다. 돈이 있다면 원하는 교육을 받고 새로운 기술을 배우며, 자신의 잠재력을 최대한 발휘할 수 있는 기회가 주어진다. 이는 개인의 만족감과 삶의 질을 크게 향상시킨다.

2) 돈이 제공하는 자유와 선택의 폭

돈은 물질적인 풍요를 통해 삶의 자유와 선택의 폭을 넓혀준다. 경제적 여유가 있는 사람들은 자신의 시간을 자유롭게 활용할 수 있으며, 원하는 일을 선택하고 새로운 경험을 쌓을 수 있는 기회가 더 많다. 여행, 취미 활동, 교육 등은 돈이 뒷받침될 때 더 쉽게 접근할 수 있다. 이러한 경험들은 삶의 질을 높이고, 개인의 성장과 만족감을 증가시킨다.

돈은 스트레스를 줄이는 데도 기여한다. 경제적 어려움은 인간관계, 건강, 직업 등 다양한 측면에서 스트레스를 유발한다. 경제적 안정은 이러한 스트레스를 완화시키고, 더 여유로운 삶을 살 수 있도록 돕는다. 돈은 행복을 직접적으로 가져다주는 것뿐만 아니라 삶의 질을 높이는 간접적인 역할도 한다.

3) 돈과 사회적 관계

돈은 사회적 관계에도 영향을 미친다. 경제적 여유가 있는 사람들은 더 넓은 사회적 네트워크를 형성할 수 있으며, 친구나 가족과의 관계를 더 원활하게 유지할 수 있다. 친구들과의 여행이나 모임, 가족을 위한 선물 등은 돈이 뒷받침될 때 더 쉽게 이루어질 수 있다. 이러한 사회적 관계는 행복에 중요한 영향을 미친다.

그러나 돈이 사회적 관계를 악화시킬 수도 있다. 부의 불평등은 인간관계에 긴장을 초래할 수 있으며, 돈을 중심으로 한 갈등이 발생할 수 있다. 유산 상속 문제나 경제적 의존 관계는 가족 간의 관계를 복잡하게 만들 수 있다. 따라서, 돈이 사회적 관계에 미치는 영향은 긍정적일 수도 있고, 부정적일 수도 있다.

4) 돈과 정신적 만족, '하버드 성인 발달 연구'가 주는 교훈

사람들은 돈이 많으면 자연스럽게 행복해질 것이라고 생각한다. 경제적 안정은 삶의 질을 높이는 중요한 요소이며, 기본적인 생존을 위해 꼭 필요하다. 그러나 일정 수준 이상의 부를 넘어서면 돈이 행복에 미치는 영향이 줄어든다는 또다른 연구 결과가 있다. 세계적으로 유명한 '하버드 성인 발달 연구(Harvard Study of Adult Development)'는 행복한 삶을 결정짓는 것은 인간관계, 경제적 안정, 건강, 삶의 의미 등이 중요한 역할을 한다는 점을 보여준다.

1938년에 시작된 '하버드 성인 발달 연구'는 세계에서 가장 오랜 기간 지속된 종단 연구(longitudinal study) 중 하나다. 연구진은 약 80년 동안 700명이 넘는 참가자를 대상으로 행복과 건강을 결정짓는 요인을 조사했다. 연구 초기에는 하버드 대학생들과 보스턴의 저소득층 남성들이 포함되었으며, 이후 참가자들의 자녀 세대까지 연구가 확장되었다.

연구진은 참가자들의 신체적 건강, 심리적 상태, 직업적 성취, 인간관계 등을 꾸준히 추적하면서 삶의 만족도에 영향을 미치는 요인을 분석했다. 연구가 진행되면서 참가자들의 결혼 생활, 친구 관계, 직업 안정성, 건강 상태 등이 삶의 질과 직결된다는 사실이 밝혀졌다.

　연구 결과 중 가장 중요한 발견 중 하나는 "돈보다도 의미 있는 인간관계가 장기적인 행복과 건강을 결정짓는다"는 점이었다. 연구에 따르면, 사회적 연결이 강한 사람들은 더 행복하고 신체적으로 건강하며, 스트레스를 더 잘 극복하는 경향이 있었다. 이에 반해 외로움을 느끼거나 관계가 단절된 사람들은 우울증과 불안, 심장 질환과 같은 건강 문제를 겪을 가능성이 높았다.

　그러나 연구는 인간관계만이 행복을 좌우하는 유일한 요소는 아니라고 강조한다. 경제적 안정 또한 중요한 역할을 한다. 생계가 불안정하면 스트레스와 불안이 커지며, 이는 인간관계를 유지하는 데도 부정적인 영향을 미칠 수 있다. 일정 수준 이상의 소득이 확보되면 돈이 행복에 미치는 영향이 줄어들지만, 기본적인 경제적 안정이 없다면 행복을 논하기조차 어렵다.

　건강한 생활 습관과 삶의 의미도 중요한 요소다. 연구에서는 규칙적인 운동과 균형 잡힌 식습관을 가진 사람들이 더 건강하고 오래 산다는 점이 밝혀졌다. 아울러, 자신의 삶에 의미와 목적을 부여하는 사람들은 더 높은 삶의 만족도를 보였다. 단순히 돈을 많이 버는 것보다 자신이 하는 일이 의미 있다고 느끼는 것이 정신적 만족에 더 중요한 역할을 했다.

이 연구가 돈의 중요성을 부정하는 것은 아니다. 돈이 없으면 기본적인 생활조차 유지하기 어렵고, 경제적 불안이 지속되면 인간관계를 형성하거나 건강을 관리하는 데도 어려움을 겪을 수 있다. 하지만 일정 수준 이상의 경제적 안정이 확보된 후에는 돈을 좇는 것만으로는 행복이 보장되지 않는다는 점이 중요하다.

따라서 우리는 돈을 버는 것만큼이나, 의미 있는 관계를 형성하고, 건강을 돌보며 삶의 의미를 찾는 데에도 시간을 투자해야 한다. 가족과의 저녁 식사, 친구와의 진솔한 대화, 자기 자신을 성장시키는 활동이 결국 더 깊은 행복을 만들어 낼 수 있다.

'하버드 성인 발달 연구'는 실제 사람들의 삶을 수십 년 동안 추적한 결과에서 나온 교훈이다. 이 연구는 우리에게 "행복한 삶을 위해 무엇을 최우선으로 해야 하는가?"라는 질문을 던진다.

4
균형 잡힌 돈과 삶의 철학

돈은 현대 사회에서 필수불가결한 자원이지만, 돈만을 추구하는 삶은 종종 정신적 공허와 피로를 초래한다. 따라서 돈과 삶의 균형을 어떻게 맞출 것인가에 대한 철학적 고민은 오래전부터 다양한 사상가와 학자들에 의해 탐구되어 왔다. 이제 그 다양한 이론들을 살펴보자.

스토아 철학, 욕망의 절제와 내적 평화

스토아 학파는 욕망을 절제하고 내적 평화를 추구하는 것을 삶의 목표로 삼았다. 그들은 돈과 물질적 풍요가 행복의 근원이 아니라, 오히려 그것에 대한 과도한 집착이 불행을 초래한다고 보았다. 스토아 철학자 에픽테토스는 "우리가 통제할 수 없는 것에 대해 걱정하거나 신경 쓰지 말라"고 말하며, 돈과 같은 외적 요소에 지나치게 의존하지 말고 내적 자족을 추구할 것을 강조했다. 이는 현대 사회에서도 여전히 유효한 교훈으로, 돈을 추구하되 그것에 휘둘리지 않는 삶의 태도를 보여준다.

아리스토텔레스의 중용론, 균형의 미학

아리스토텔레스는 '중용'을 삶의 이상으로 제시했다. 그는 모든 덕이 과도함과 부족함 사이에서 상황에 맞는 적절한 정도로 나온다고 보았다. 돈에 대해서도 마찬가지로, 과도한 탐욕과 지나친 금욕 사이에서 이성에 따른 적절한 판단과 행동을 중시했다. 아리스토텔레스의 철학은 돈을 올바르게 사용하고 삶의 질을 높이는 데 활용하는 실천적 지혜(phronesis)를 요구한다.

불교의 중도 사상, 집착에서의 해방

불교에서 돈과 물질은 그 자체로 선하거나 악한 것이 아니라, 집착의 대상이 될 수 있다고 본다. 이에 대한 과도한 욕망은 고통을 초래할 수 있지만, 돈을 적절히 활용하고 필요를 충족시키는 것은 건강한 삶을 위해 필요하다.

중도 사상은 금욕이나 탐욕의 극단을 피하고, 현실적 필요와 내적 평온 사이에서 균형을 찾는 것을 강조한다. 이는 돈을 단순히 부정하거나 멀리하는 것이 아니라, 돈에 얽매이지 않고 현명하게 다루는 태도를 기르는 데 초점을 맞춘다.

불교의 가르침은 돈을 목적이 아닌 삶을 위한 방편으로 여기고, 탐욕을 경계하며 균형 있는 삶의 자세를 지향한다.

행복을 결정하는 요소

행복은 인간이 추구하는 궁극적인 목표 중 하나다. 하지만 행복이 무엇이며, 어떻게 얻을 수 있는지는 여전히 논쟁의 대상이다. 현대 심리학과 경제학에서는 행복의 원인을 분석하고 이를 바탕으로 실질적인 해결책을 제시하려 한다. 특히 긍정심리학과 행복의 경제학(Happiness Economics)은 행복이 단순한 감정적 상태가 아니라, 개인의 삶의 질과 밀접한 관계가 있는 복합적인 개념임을 강조한다. 그렇다면, 심리학적 관점과 경제학적 관점에서 행복은 어떻게 정의되며, 우리는 이를 어떻게 실현할 수 있을까?

심리학에서 행복은 지속적인 만족과 심리적 안정감을 포함하는 개념으로 본다. 긍정심리학(Positive Psychology)은 인간이 더 의미 있고 만족스러운 삶을 살기 위해 어떤 요소들이 중요한지를 연구한다.

미국의 심리학자 마틴 셀리그만(Martin Seligman)은 행복을 설명하는 PERMA 모델을 제시했다. 이 모델은 다섯 가지 요소를 강조한다.

1. **긍정적 감정**(Positive Emotions): 기쁨, 감사, 사랑 등 긍정적인 감정의 빈도가 높을수록 행복도가 증가한다.
2. **몰입**(Engagement): 어떤 활동에 깊이 몰입할 때, 우리는 최상의 심리적 상태인 '몰입'을 경험하며 만족감을 얻는다.
3. **관계**(Relationships): 인간관계는 행복의 가장 중요한 요소 중 하나다. 안정적이고 의미 있는 관계는 심리적 안정을 제공한다.
4. **의미**(Meaning): 자신의 삶에 의미를 부여하고, 더 큰 목표를 추구하는 것이 장기적인 행복을 결정짓는다.
5. **성취**(Accomplishment): 목표를 달성하고 성취감을 느끼는 것이 자아 존중감과 행복에 긍정적인 영향을 준다.

이처럼 행복은 단순한 기분이 아니라 삶의 다양한 요소들이 조화를 이루며 형성되는 복합적인 상태다.

경제학에서는 돈이 행복에 미치는 영향을 연구하는 '행복의 경제학(Happiness Economics)'이 중요한 분야로 자리 잡았다. "돈이 행복을 결정하는 주요 요소인가?"라는 질문은 경제학자들에게도 오랫동안 논의되어 온 주제다.

미국의 경제학자 리처드 이스털린(Richard Easterlin)은 1974년 '이스털린 역설(Easterlin Paradox)'을 제시했다. 그는 국가의 경제 수준이 일정 수준 이상으로 올라가면, 소득 증가가 행복 증가로 이어지지 않는다는 점을 밝혀냈다. 이 연구는 기본적인 경제적 안정이 확보된 이후에는 돈보다 다른 요인들이 행복을 결정하는 데 더 중요한 역할을 한다는 점을 시사한다. 즉, 돈은 행복의 필수 요소이지만, 일정 수준을 넘어서면 인간관계, 건강, 삶의 의미 등이 더 중요해진다는 것이다.

현대 심리학과 경제학 연구를 종합해 보면, 행복은 단순한 감정적 상태가 아니라 다양한 요소들이 결합하여 만들어지는 복합적인 개념임을 알 수 있다.

- 심리학적으로는 긍정적 감정, 몰입, 인간관계, 삶의 의미, 성취감 등이 행복을 결정짓는다.
- 경제학적으로는 기본적인 경제적 안정은 필수적이지만, 일정 수준 이상의 소득은 행복 증가에 큰 영향을 미치지 않는다는 점이 확인되었다.
- 돈을 사용할 때는 타인을 위한 소비, 경험 중심의 소비, 시간 확보를 위한 소비, 미래를 위한 투자가 행복을 극대화하는 방법으로 제안된다.

결국, 행복을 위해서는 돈을 삶의 수단으로 삼되, 경제적 안정뿐만 아니라 의미 있는 관계, 성장, 경험을 조화롭게 추구하는 균형 잡힌 삶이 중요하다. 진정한 행복은 단순한 부(富)의 축적이 아니라, 어떻게 살아가고 무엇을 중요하게 여기는지에 달려 있다.

에필로그

돈과 함께하는 행복한 삶을 위하여

　돈은 우리 삶에서 중요한 요소이지만, 그것이 삶의 전부는 아니다. 돈은 행복을 위한 도구일 뿐이며, 우리가 어떻게 활용하느냐에 따라 그 가치가 결정된다. 이 책을 통해 우리는 돈의 본질을 이해하고, 돈과 건강한 관계를 맺는 법을 배웠다. 이제 돈과 함께하는 행복한 삶을 위해 무엇을 해야 할지 다시 생각해 보자.

　돈을 이해하는 것은 벌고 쓰는 방법만을 아는 것이 아니라, 돈이 우리 삶에 어떤 의미를 가지는지 깨닫는 것이다. 돈은 우리의 시간과 노력, 꿈과 가치관이 반영된 결과물이다. 따라서 돈과 건강한 관계를 맺기 위해서는 그것에 집착하거나 탐욕을 부리는 것이 아니라, 삶의 도구로서 존중하고 현명하게 활용하는 태도가 필요하다.

　돈을 사랑한다는 것은 돈이 우리와 타인의 삶에 긍정적인 영향을 미치도록 활용하는 것이다. 이를 위해 우리는 돈에 감사하는 마음을 가지고, 나눔을 실천할 수 있어야 한다. 돈은 혼자만의 행복을 위한 것이 아니라, 함께 더 나은 삶을 만들어가는 자원이기도 하다.

돈 공부는 재테크나 투자 기술을 배우는 것과 함께, 삶의 질을 높이는 과정이다. 경제적 지식을 통해 우리는 돈을 더 효과적으로 관리하고, 미래를 준비하며, 경제적 스트레스를 줄일 수 있다. 결국, 돈을 공부한다는 것은 더 나은 삶을 설계하는 방법을 배우는 것이다.

돈과 삶의 균형 잡힌 철학이 필요하다. 돈은 분명히 삶의 질을 향상시키는 중요한 것이지만, 일정 수준 이상의 부(富)는 행복에 결정적인 차이를 만들지 않는다. 진정한 행복은 돈이 아닌 마음의 평화와 사랑, 그리고 자신과 타인을 진심으로 아끼는 데서 나온다. 따라서 돈과 행복의 관계를 균형 잡힌 시각에서 바라보고, 돈 이외의 것들에도 집중하는 태도가 필요하다.

이 책이 나오기까지 도움을 주신 도서출판 SUN 정선모 대표님, 지금까지 나를 있게 한 모든 스승님과 지인들께 깊은 감사를 드린다. 2024년 5월 20일 하늘의 별이 되신 존경하는 아버지 강헌중

님과 고향집을 지키고 계시는 어머니 박순조 님께 부족한 아들을 키워주신 은혜에 머리 숙여 감사드린다. 묵묵히 내조해 준 아내 이정은, 장녀로서 늘 부모의 기대에 부응하며 성장한 강주희, 군 복무 중인 사랑하는 아들 강민구에게도 고마운 마음을 전한다.

 이 책이 독자들에게 돈에 대한 새로운 시각을 제공하고, 돈과 건강한 관계를 맺는 데 도움이 되어 건강하고 행복한 삶을 누리길 간절히 바란다.

참고문헌

- 김승호 『돈의 속성』
- 펠릭스 마틴 『돈』
- 박현주 『돈은 아름다운 꽃이다』
- 모건 하우절 『돈의 심리학』
- 엠제이 드마코 『부의 추월차선』
- 토니 로빈스 『돈의 법칙』
- 로버트 그린 『인간 본성의 법칙』
- 팀 하포드 『경제학 콘서트』
- 나심 니콜라스 탈레브 『행운에 속지 마라』
- 니얼 퍼거슨 『금융의 지배』
- 대니얼 네틀 『행복의 심리학』
- 로버트 기요사키 『부자 아빠, 가난한 아빠』